# FORÇA, FORTALEZA!

Força, fortaleza!
Copyright © 2023 by Marcelo Facchini
1ª edição: Outubro 2023
Direitos reservados desta edição: CDG Edições e Publicações
O conteúdo desta obra é de total responsabilidade do autor e não reflete necessariamente a opinião da editora.

**Autor:**
Marcelo Facchini

**Preparação de texto:**
3GB Consulting

**Revisão:**
Daniela Georgeto
Rebeca Michelotti

**Projeto gráfico:**
Jéssica Wendy

**Capa:**
Dimitry Uziel

**Foto de capa:**
Renato Milane

DADOS INTERNACIONAIS DE CATALOGAÇÃO NA PUBLICAÇÃO (CIP)

Facchini, Marcelo
 Força, fortaleza : descubra como a travessia do seu deserto será o seu maior milagre / Marcelo Facchini. — Porto Alegre : Citadel, 2023.
 144 p.

ISBN: 978-65-5047-246-7

1. Facchini, Marcelo – Biografia 2. Empreendedorismo 3. Superação 4. Sucesso I. Título

23-5483 CDD – 920.71

Angélica Ilacqua – Bibliotecária – CRB-8/7057

**Produção editorial e distribuição:**

contato@citadel.com.br
www.citadel.com.br

# MARCELO FACCHINI

**Força, Fortaleza!**

Descubra como a travessia do seu deserto será o seu maior milagre

CITADEL
Grupo Editorial

# ELOGIOS

# ELOGIOS

"Toda vez que ouço o jovem Marcelo Facchini falando sobre o seu gravíssimo acidente automobilístico, confesso que me emociono pelo exemplo de superação que ele se transformou na vida de todos nós. Quantas pessoas devem, hoje, graças às suas palavras de otimismo, encarar uma situação traumática como uma nova chance que Deus lhes ofereceu para que possam ampliar o impacto social no mundo em que vivemos. Quantas outras pessoas devem, hoje, graças à força do exemplo de Marcelo, despertar para a consciência, para o espírito de solidariedade, para o amor ao próximo e para a filantropia, abandonando posturas egoístas e individualistas crescentes no planeta Terra. Marcelo é uma fonte de inspiração diária para todos nós."

– Jorge Fares, diretor executivo da Funfarme/Hospital de Base

"Se o homem não amar ao próximo que vê, como poderá amar a Deus, a quem jamais viu? O Evangelho de São João nos confirma que não há salvação fora da caridade. E essa empatia exaltada por todos que acreditam em Deus sempre foi a marca registrada de Marcelo. Todos nós que temos a honra de fazer parte do seu círculo de amizades sabemos que vencer a maior dificuldade de sua vida, dentro do Hospital de Base de São José do Rio Preto, só fez ampliar a sua visão humanitária, forjada dentro de seu lar, onde cresceu com princípios e valores sólidos. Temos também a honra de ter em Marcelo um dos principais divulgadores e incentivadores de nossos projetos sociais e de assistência à saúde, com testemunho vivo da excelência e da contribuição do HB para a saúde pública brasileira. Juntos, somamos esforços, partilhamos generosidade e materializamos todos os dias a sublime mensagem cristã. E esse é o maior de todos os nossos orgulhos."

– Robson Ribeiro, superintendente financeiro da Funfarme

"Reconhecido como um dos melhores hospitais pediátricos do mundo pela revista norte-americana *Newsweek*, que ranqueou os 150 melhores, com base na opinião de quarenta mil especialistas de mais de vinte países, o Hospital Pequeno Príncipe é o maior hospital exclusivamente pediátrico do Brasil, um centro integrado de diagnóstico e de tratamento que oferece cerca de 60% dos seus atendimentos ao SUS. E tudo isso só é possível pelo apoio de pessoas como o Marcelo. Acreditamos que o poder de transformação está nas mãos de todos! A sociedade precisa se unir para a construção de um mundo melhor, que assegure os diretos fundamentais à saúde, educação e infância de nossas crianças e adolescentes. A Facchini contribui para essa transformação há uma década, e somos muito gratos pela confiança e parceria."

– José Álvaro Carneiro, diretor corporativo do Hospital Pequeno Príncipe/Curitiba

"Tive o privilégio de conhecer o Marcelo e seus pais em um momento no qual trouxe muitos frutos à ADD. Ainda que silenciosamente, eles potencializaram de forma significativa nossos projetos, o que nos deu muita força e determinação para continuar contribuindo com o desempenho e apoio dos nossos atletas. Marcelo é aquele que entra no 'jogo' para vencer, tem o espírito de campeão, carrega uma força inabalável, consegue enxergar lá no fundo e acha o que há de melhor em você. É muito louca essa analogia de tudo que aconteceu; o acidente foi um 'wake up call', e nos lembra que, se não nos perdermos, temos grandes chances de nunca nos encontrarmos.

Se você quer conhecer o impacto que a Facchini pode trazer à vida de alguém, precisa ir à ADD (Associação Desportiva para Pessoas com Deficiência). Cada pessoa assistida é a prova da expressão africana 'Eu sou eu por causa de nós', ou seja, nós existimos porque uma família acreditou em nós e não mediu esforços para que pudéssemos acreditar em nós mesmos. Por meio da empresa Facchini, Marcelo passou a apoiar e patrocinar os projetos de inclusão pelo esporte da ADD, e já se passaram doze anos de parceria, que ajudou milhares de crianças e jovens atletas com deficiência a superar desafios, realizar sonhos, construir uma história.

Somos eternamente gratos pelos milhares de pessoas assistidas que o Marcelo continua ajudando nesse processo de inclusão e reabilitação. Marcelo, temos muito orgulho da nossa espécie humana, porque vocês (sua família) fazem parte dela."

– Steven Dubner, sócio-fundador da ADD

"O Hospital de Amor tem um orgulho imenso de poder falar sobre a família Facchini, e não há outra explicação a não ser a identidade de amor deles com a nossa causa. Há muitos anos a família Facchini tem um olhar especial e um carinho diferenciado na forma de fazer negócios com o Hospital de Amor, como a parceria que construímos no projeto das Unidades Móveis. É um carinho e uma forma diferenciada de olhar para o hospital e para os nossos milhares de pacientes, o que também ficou refletido na construção da capela da Unidade de Jales (SP), doada 100% pela Facchini. Se não bastasse isso, ainda existe uma participação importantíssima da família, na pessoa do Marcelo, que enxerga de maneira muito mais abrangente e carinhosa a responsabilidade de fazer eventos beneficentes totalmente em prol do Hospital de Amor, na cidade de São José do Rio Preto (SP). Até aqui, são mais de quinze anos de parceria e muitas histórias de amor, por amor, do qual temos um orgulho imenso! Para nós é um presente de Deus termos em nossa trajetória uma família com esse DNA, o mesmo que o nosso, de salvar vidas."

– Henrique Duarte Prata, presidente do Hospital de Amor

# SU．
# MÁ
# RIO

# SUMÁRIO

AGRADECIMENTOS   12
PREFÁCIO   16
PRÓLOGO   20

**I** "FORÇA, FORTALEZA!"   24
**II** RENASCIMENTO   36
**III** MILAGRE   48
**IV** FACCHINI: COMO TUDO COMEÇOU   82
**V** FÉ   102
**VI** VIAGENS – LEMBRANÇAS DE NOSSA JORNADA NA TERRA   116
**VII** CÉLULAS-TRONCO   122

EPÍLOGO   134

# AGRADECIMENTOS

# AGRADECIMENTOS

Gostaria de iniciar agradecendo a Deus por todo livramento e por cada milagre alcançado até aqui.

À minha mãe, que incansavelmente esteve comigo em todos os meus desertos e vibrou comigo em todas as minhas vitórias.

Ao meu pai, que me ensinou tudo sobre a vida e sempre acreditou no meu potencial; aos meus irmãos Rodrigo e Leonardo, que, além das incontáveis histórias que vivemos juntos, foram meu ponto de equilíbrio em vários momentos da minha trajetória.

Aproveito para completar com meus amados filhos, que tiveram e têm um papel fundamental na minha vida; eles são a força que me faz acordar todos os dias e buscar ser uma pessoa melhor.

Também destaco a importância da minha esposa Josi, que sempre acreditou em mim, uma das pessoas que me aproximou da presença de Deus, cultivando todos os dias essa intimidade por meio dos nossos estudos. Ela é meu porto seguro, meu alicerce na fé.

Agradeço a todos os familiares e amigos que estiveram comigo nos momentos mais difíceis, e que brindaram comigo nos bons momentos.

Por fim, quero deixar um justo reconhecimento àqueles que contribuíram para que esta autobiografia tomasse corpo e enfim saísse dos rascunhos para tornar-se um livro, pois foram meses para podermos desenvolver juntos todo o conteúdo. À Editora Citadel, sobretudo ao editor Marcial, por todo o carinho e por me ajudar, junto com todo o seu time, a realizar este sonho.

> "Não é o mais forte que sobrevive, nem o mais inteligente, mas o que melhor se adapta às mudanças."
> (Charles Darwin)

Meu muito obrigado a todos vocês por fazerem parte da minha vida!

# PREFÁCIO

# PREFÁCIO

## Vidas em movimento

Quando meu amigo Marcelo comentou sobre a intenção de finalmente contar sua história de superação em um livro, não contive minha curiosidade e emoção, então lhe fiz imediatamente a seguinte pergunta: "Qual o verdadeiro porquê desse livro?". E a resposta está transcrita neste prefácio.

Não se trata apenas de relatar detalhes sobre o acidente, que quase lhe tirou a vida, e como isso impactou e ressignificou sua história, mas principalmente de chamar a atenção para a dimensão de tudo por que passou ao longo da vida até aqui. Estudos apontam que, estatisticamente, o Brasil tem cerca de 8% da população que nasce ou desenvolve algum tipo de deficiência ao longo da vida, e sabemos que muitas pessoas, assim como o autor deste livro, tiveram que aprender a enfrentar esses desafios diários e transformá-los em oportunidades.

A grande lição que fica ao final deve servir para chamar a atenção dos 92% restantes da população, que em algum momento da vida andam de cadeira de rodas e muletas invisíveis, assumindo uma postura vitimista, que batizei de "coitadismo". Para dar uma dimensão ainda maior a essa causa e pavimentar o seu legado, incentivei Marcelo a seguir com o seu desejo de publicar um livro que contasse a sua história de superação e, dessa maneira, alcançasse o maior número possível de pessoas com tudo que veremos por aqui.

Além da potência que ele é como comunicador e palestrante, é diretor da líder nacional na fabricação de implementos rodoviários Facchini, responsável por fazer circular a economia do nosso país por meio de uma malha rodoviária de milhões de quilômetros. E assume um compromisso social de dar mobilidade a milhões de brasileiros que nos servem de exemplo e inspiração, todos os dias, e nos fazem repensar o verdadeiro significado da palavra problema.

– Ricardo Bellino

# PRÓLOGO

# PRÓLOGO

– Enfermeiro, o pescoço dele está torto... a cabeça dele está caída para baixo. Por favor, arrume a cabeça do Marcelo – pediu minha mãe, acompanhando atentamente o enfermeiro daquela semi-intensiva me ajeitar no travesseiro.

– Marcelo, está bom assim? – ele perguntou.

Eu estava com os olhos abertos, mas infelizmente ainda sem muita noção do que estava acontecendo, minha mãe me contou depois de algum tempo. Mas, ainda assim, consegui fazer um gesto bem de leve, sinalizando de forma positiva com o polegar, dando um "joia".

Aquela foi a primeira vez, em 23 dias, que comecei a responder ao mundo externo. Não conseguia me lembrar de nada do que tinha acontecido, apenas que me despedia dos meus filhos na cama antes de sair para trabalhar. Então por que acordei naquele hospital?

☦

Aquela sexta-feira, 6 de março de 2009, começou como qualquer outra. Às seis da manhã eu já estava de pé, e, assim como fazia todos os dias, passei no quarto dos meus filhos, Rafaella e Lucca, meus gêmeos com então quase dois meses de idade, dei um beijo neles e saí de casa para trabalhar, com destino a Votuporanga, como costumava fazer uma vez por semana.

Coincidentemente, era um dia após meu aniversário de 35 anos. Saí bem de manhã, e seguia sozinho no carro pela rodovia Euclides da Cunha, sentido São José do Rio Preto-Votuporanga, que naquela época era simples e bastante perigosa, até que, por volta das oito horas da manhã, bati. Bati forte. De frente com outro carro, na rodovia. Devido à colisão frontal dos dois veículos, acredita-se que o impacto tenha sido de mais de 200 km/h. Entrei em coma na pista na mesma hora.

Quando o resgate chegou, os socorristas foram atender o rapaz que havia colidido comigo, pois estava muito machucado, porém aparentava estar consciente. Eu soube depois que fizeram isso porque achavam que eu estava morto. Contudo, logo começaram a chegar mais pessoas, e, quando uma delas percebeu que eu estava vivo, na mesma hora disse aos bombeiros: "Não! Ele não está morto! Ele está vivo! Ele está vivo!".

Fui então levado às pressas a Tanabi, cidade mais próxima de onde estávamos, a pouco mais de 35 quilômetros de São José do Rio Preto, com intuito de receber atendimento rápido, mas, por se tratar de uma complexidade extrema, ali não teria tantos recursos para tamanha gravidade. Em virtude do estado em que cheguei, os médicos, assim que me viram no corredor, disseram que não seria possível eu ficar ali, e a remoção foi realizada para o Hospital de Base de São José do Rio Preto. Ainda no caminho, precisei ser entubado, ali mesmo, na ambulância. O respirador apresentou um problema, e os socorristas que estavam comigo se revezavam para dar todo o suporte. Iniciaram então a ventilação com ambu, que é o método padrão para fornecer rapidamente ventilação a pacientes com apneia ou insuficiência ventilatória grave, que era o meu caso.

Cheguei a Rio Preto com fraturas múltiplas. Mas o pior mesmo era o fato de eu ter batido violentamente a cabeça, e ter o chamado "TCE", traumatismo craniano.

# I
# "FORÇA, FORTALEZA!"

– por Sônia Facchini

## Dor

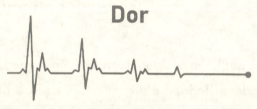

Dor. Foi o que mais senti quando recebi a notícia de que o Marcelo havia sofrido um acidente na estrada. Mas, apesar de todo o sofrimento, a dor, na realidade, nos ensina a ser mais fortes. Nunca imaginei que pudesse de fato ver o poder da minha força até o dia em que encarei a morte de frente, ameaçando levar um dos meus filhos. Naquele dia, descobri o quanto uma mãe pode suportar, e o quão

Minutos após o acidente na Rodovia Euclides da Cunha em 6 de março de 2009.

forte nós, mulheres, somos, pois enfrentei pessoas, médicos, opinião pública, literalmente tudo e todos que não acreditavam que o Marcelo escaparia com vida daquele terrível acidente.

> "A dor tem o poder de nos fazer fortes. Cabe a nós tentar encará-la ou não. Ou você entra em um estado deprimido ou você luta. Eu escolhi lutar. E luto até hoje."

Marcelo é o filho mais velho de três meninos que Deus me concedeu. Entre ele, o Rodrigo e o caçula, Leonardo, a diferença é de dois e seis anos. Sou até hoje uma daquelas mães bem protetoras, e o Marcelo sempre foi o mais próximo de mim, ainda que nunca tenha havido nenhum privilégio ou distinção entre eles. Mas, sendo o meu primeiro filho, tudo na vida dele foi sendo compartilhado comigo. Sempre fomos muito amigos, e desde cedo lhe ensinei o senso de responsabilidade de cuidar dos irmãos mais novos. Marcelo sempre foi o mais alto e mais forte, o "grandão" da família, e não havia nada que deixasse de compartilhar comigo.

Então, quando tudo aconteceu, posso dizer que a dor que senti foi uma dor de útero, algo que roubou totalmente meus sentidos; um buraco enorme abriu-se em meu peito. Não aceitei o seu acidente. Não aceitei o diagnóstico de ele estar à beira da morte. Não aceitei absolutamente nada daquilo. A nossa família nunca havia passado por nada sequer parecido com aquela situação. Tudo estava caminhando perfeitamente, só tínhamos motivos para agradecer, não tínhamos nada a reclamar, até que o horror aconteceu.

O meu marido, Rubens, que pouco tempo depois do acidente passou na mesma estrada, diz que reconheceu o carro do Marcelo pela roda. Àquela altura ele já sabia o que tinha acontecido, e Marcelo já havia sido resgatado, então ligou para o nosso filho Rodrigo e pediu para que ele me contasse e me levasse até o hospital para nos encontrarmos, pois sabia que, assim que eu recebesse a notícia, ficaria extremamente atordoada. E realmente fiquei.

Era por volta de dez horas da manhã quando o Rodrigo chegou à empresa e me chamou para conversar. Saí da aula de inglês, pois estávamos nos preparando para em pouco tempo ir à China a negócios, quando o meu filho, ainda muito surpreso com a notícia, me disse: "Mãe, o Marcelo sofreu um acidente na estrada. A gente precisa ir até o hospital".

Quando cheguei à emergência, transtornada, encontrei-me com um ortopedista que já conhecia de vista. Ele começou me dizendo que a situação do Marcelo era muito grave, e dali mesmo fui parando de escutar. Saí de mim, não contive as palavras. Sei que fui muito dura e me exaltei, sem pensar no que estava dizendo. *"Vai embora daqui! Quem você acha que é para falar do meu filho!? Você acha que é Deus? Saia daqui!"* Fui vociferando essas palavras e parti para cima dele, literalmente, sem pensar nas consequências, mas o médico que tentara me falar sobre o estado do Marcelo naquele Hospital de Base estava apenas cumprindo seu papel. Meu estado era o pior que se poderia imaginar com tudo o que se passava, e eu não estava em condições de administrar meus sentidos. Fui percebendo que em pouco tempo o local lotou não apenas de pacientes, mas também de gente querendo informações sobre o que havia acontecido com Marcelo.

Eu não admitia que me dissessem qualquer coisa que não fosse exatamente o que eu queria ouvir, ou seja, que meu filho havia chegado vivo e sairia vivo e bem de lá. Desejei vê-lo imediatamente, mas fui impedida devido a toda a situação em que ele se encontrava. A necessidade de ser colocado nos aparelhos para que pudesse ser salvo não permitia que houvesse circulação de outras pessoas, apenas da equipe médica. Somente no dia seguinte pude ver o meu filho; cada minuto parecia uma eternidade. Não fiquei em paz até poder tocá-lo e ver que ele estava vivo; mesmo vendo-o em estado de coma induzido, meu coração já se sentia um pouco mais aliviado.

Foram quinze dias de tortura em São José do Rio Preto. Havia todo tipo de conversa, os boatos se alastravam na cidade, e muita gente (médicos, enfermeiros e outros profissionais) começou a aparecer na UTI do hospital, até pessoas que não trabalhavam diretamente naquele andar. Que pesadelo passar por tudo aquilo, pois, além de todo o sofrimento pelo qual eu e minha família estávamos passando, tinha que suportar aquele desconforto de visitas indesejáveis. Já não suportava mais aquela situação, mas a esperança chegou até nós: meu filho mais novo, Leonardo, havia levado as radiografias e tomografias da cabeça do Marcelo para um primo médico em São Paulo, o qual nos encorajou a transferi-lo de imediato. Então decidimos remover nosso filho de São José do Rio Preto para um hospital na capital.

Inicialmente, o HB não queria liberar o Marcelo, pois tudo apresentava grandes riscos, um sinal de que realmente não podíamos esperar mais. Assinei o termo de responsabilidade de transferência de unidade hospitalar, e lá fomos nós na UTI aérea para São Paulo.

Ao total, foram 23 dias que meu filho ficou sem conversar. Apenas seus sinais vitais diziam que ele estava ali, e eu o aguardava, dia após dia. Como o hospital da capital oferecia suporte familiar, eu ficava de manhã, à tarde e à noite ao lado do Marcelo.

Naquele momento eu não chorava. Em vez disso, usava a expressão que virou o mote da nossa história: "Força, fortaleza!" (esse mantra tornou-se, depois de alguns anos, uma tatuagem que pude eternizar em mim como a nossa mais singela expressão de cumplicidade e amor. Carrego comigo a marca da vitória, da vitória que marcou nossas vidas). Se você me perguntar de onde veio essa frase, não saberei responder, e nunca havia usado ela antes, ou ouvido falar em algum lugar, mas, desde que o Marcelo entrou naquele hospital, era o que eu mais dizia para ele.

Sim, eu conversava diariamente com o meu filho em coma, pois, quando me disseram que devemos conversar com a pessoa mesmo inconsciente, para estimular a sua recuperação, acreditei com toda a minha fé. E ele realmente me ouvia, pois finalmente chegou o dia em que abriu os olhos!

O dia em que o Marcelo finalmente abriu os olhos naquela UTI, sinalizando que havia saído do coma, ajoelhei-me no chão do hospital e agradeci a Deus. Fiz muita festa, chorei, o que até então só fazia quando chegava ao hotel no final de cada dia para tomar um banho e dormir um pouco até chegar às seis da manhã do dia seguinte para voltar correndo para o hospital.

Daquele momento de despertar em diante, o Marcelo ainda passaria por dias seguidos de confusão mental, afinal, eram muitas coisas para assimilar, uma delicada cirurgia no quadril, para que fosse colocado no lugar, as prováveis novas infecções, e muita fisioterapia, ponto em que brigávamos muito, pois ele queria ir embora. Chegava a se recusar a fazer os exercícios a que era submetido, pois causavam muitas dores. Eu insistia que ele se esforçasse a fazer a reabilitação, para se recuperar bem; acabava sendo uma mãe dura, mas era necessário ser persistente, pois era mais um ato de amor, e logo ele estaria melhor.

Os dias foram se passando, e em uma manhã o Marcelo me chamou, ainda um tanto confuso, e me disse: "Mãe, eu pulei da janela?". Ao ver uma placa na porta do quarto que dizia "Risco de queda", não pude deixar de rir! O Marcelo sempre foi muito espirituoso, e ao mesmo tempo ativo; expliquei que não se tratava exatamente de uma queda, mas o fato era outro. Apesar de o acidente ter afetado a parte motora do lado direito de seu corpo, a parte cognitiva havia sido preservada. Usei de todos os recursos para ativar suas lembranças, então levamos para o quarto do hospital várias fotos dele e de nossa família, fotos da época em que ele era atleta, fotos das crianças, enfim, de toda a vida dele.

O processo de recuperação era lento, mas estava acontecendo, e eu continuava não dando ouvidos ao que os médicos diziam. Na realidade, mal consigo lembrar o que eles falavam, pois não escutava o que eles queriam me dizer. Vim de uma família árabe, em que as mulheres são muito fortes. Sou a quinta filha, caçula, e nunca havia precisado manifestar a minha força para lutar na vida até então. Tanto que, quando me perguntam de onde tirei forças para enfrentar tudo o que aconteceu e ajudar o meu filho a se recuperar, acredito que toda essa força veio da minha fé, que sempre foi muito grande. Naquele período, o Marcelo teve um grave quadro de infecção, e o médico chegou a me dizer que, caso ele não melhorasse dentro de poucos dias, tentaria uma última medicação que não gostaria de usar, pois não sabia se o Marcelo aguentaria. O seu quadro estava avançando como uma bomba-relógio; a infecção estava tomando conta de todo o seu organismo. Mas senti que não seria necessário usar nenhuma nova medicação, então disse ao médico: "Não! Pois então espere! O Marcelo não vai precisar!".

Eu me apeguei à minha fé e senti que deveria pedir calma ao médico, pois sabia que o Marcelo sairia daquele processo infeccioso ileso. Poucos dias depois, o médico veio todo contente me cumprimentar: "Muito bem! Continue rezando para esse seu Santo, porque ele é muito forte mesmo. O Marcelo está sem infecção e fora de perigo".

Desde o acidente, estive com o Marcelo praticamente o tempo todo. Em todas as internações, na UTI aérea, na ambulância e acompanhando todo seu processo de reabilitação. Só o largava um pouco no final da noite, como já mencionei, quando corria até o hotel.

Durante quarenta dias, essa foi minha rotina em São Paulo. Em São José do Rio Preto, foram quinze dias de internação, e, quando chegamos ao Hospital Albert Einstein, por volta de 20 de março, era época de Páscoa, a qual passamos no hospital, eu, o Marcelo e meu marido. Esse momento foi muito importante para nós, porque a Páscoa tem um dos significados mais lindos, que é a ressurreição, e o Marcelo havia renascido depois daquele acidente. De alguma forma, eu sabia que não seria daquele jeito o seu adeus a este plano, pois Deus tinha algo muito maior para ele e para nossa família. Tanto que não quis ver as fotos do acidente, não achei que naquele momento seria bom ver como tudo havia ficado. Vi somente anos depois, em uma oportunidade mais recente, mas quando peguei aquelas fotos nas mãos foi tudo muito rápido, não queria ficar com aquelas lembranças. Então, em seguida deletei da memória toda aquela tragédia.

No hospital chegaram a me perguntar se eu queria registrar a evolução do Marcelo, para que ele pudesse ver depois, mas eu não achava que aquilo faria bem para ele, e muito menos para mim. Os momentos da vida do Marcelo que foram registrados até ali eram de alegria, e os que eu gostaria de registrar depois de sua recuperação seriam da mesma forma, assim como tem sido. Eu nunca quis guardar nenhuma lembrança do meu filho hospitalizado. A única coisa que eu focava 100% era na recuperação dele e em sua volta para casa, o melhor possível, tanto que, quando ele voltou, apesar de ser tudo muito difícil, já estava bem melhor, livre das sondas e das infecções, e estava bastante lúcido; aliás, em nenhum momento ele perdeu a lucidez.

Hoje, na realidade, ele faz até mais coisas do que fazia antes. A limitação que ele passou a ter de um lado agora tenta compensar do outro, com toda sua energia; ele ficou ainda mais elétrico! Ele faz tudo, quer tudo, pode tudo. Não existe essa história de bloqueio para ele.

Tudo o que ele fazia nos esportes, por exemplo, agora compensa no trabalho. Ele é o primeiro a chegar e o último a sair, e até para falar com ele preciso marcar horário (risos). Então, brinco dizendo que é mais fácil ir a uma consulta médica do que falar com o Marcelo! Ele já ficou muito tempo sem poder fazer muitas coisas por causa das restrições físicas, e até conquistar a mobilidade que tem atualmente trilhou percursos bem demorados. Hoje ele luta para conquistar novos espaços, cada vez mais. E eu sigo admirando tudo que ele conquistou até aqui, e sei que muito é fruto da minha persistência e da minha fé.

## Força, fortaleza para sempre

A frase que marcou a trajetória de superação do Marcelo e hoje dá nome a este livro agora faz parte do legado do meu filho. Já são catorze anos de muita luta, superação e extrema força para vencer os desafios que a vida lhe trouxe, e tudo isso sem nunca se colocar no lugar de vítima das circunstâncias.

O Marcelo sabe que nunca aceitei o coitadismo, e não admito que falem que somos dignos de pena, muito pelo contrário, pois podemos dar graças a Deus por tudo que temos e conquistamos ao longo de mais de meio século de muita dedicação ao negócio da nossa família. Sempre fui uma mãe muito exigente, fiquei em cima, com marcação cerrada e insistindo para que o Marcelo jamais desistisse de recuperar seus movimentos. "Força, fortaleza!", eu dizia constantemente, seguido de "Vai! Vai! Vai! Você consegue fazer tudo!". Foram tantos momentos assim, que costumo dizer que sou uma verdadeira general! (risos).

Mesmo com os traumas e as marcas que o acidente do Marcelo deixou em todos nós, nunca desestimulei meu filho a retomar a sua vida normalmente. Tanto que, anos depois, quando ele se divorciou, ficou um tempo morando comigo e com o pai, mas logo decidiu ter seu espaço e quis viver de maneira independente em um apartamento, e eu fui a primeira a apoiá-lo, mesmo com o coração preocupado.

Eu sabia o quanto ele era capaz de ter uma vida independente, e continuaríamos sempre nos vendo e compartilhando a vida. Quando ele voltou a dirigir, em um carro adaptado, também o incentivei, pois sabia que meu filho era capaz de fazer tudo o que quisesse, como fruto de seu próprio esforço e determinação. E assim foi no trabalho, nas viagens a lazer ou a negócios, e em cada iniciativa dele. Posso dizer que hoje voltei, de fato, a respirar mais tranquila, compreendendo que meu filho é outra pessoa, pois ele é mais forte, mais resiliente e inacreditavelmente persistente na busca da realização de seus objetivos.

Houve tempos em que o Marcelo participava de provas esportivas como atleta amador, contando com um corpo extremamente forte e uma rotina de treinos bem intensa, mas, depois de superar a morte, todos nós precisamos reconhecer sua força, pois ela é ainda mais poderosa hoje em comparação à época de atletismo. A sua mente, a sua fé e as suas emoções foram sendo aprimoradas; ele se dedica não apenas aos negócios na Facchini, mas também a transformar vidas por meio do seu exemplo.

Para uma mãe, não há presente maior do que presenciar as conquistas de seus filhos, e meu filho é mais do que vitorioso. Sou grata pela vida dele, sou grata pela força que tivemos ao resistir a cada desafio, e também muito feliz de sempre estarmos unidos como família, o que se intensificou ainda mais depois de tudo o que aconteceu. O meu maior bem, sem dúvida, são meus filhos e minha família, e, se fosse preciso, eu faria tudo de novo.

Hoje levamos não só a Facchini no coração, mas também o "Força, fortaleza!", pois essa frase não só transformou a nossa vida, nos preparando completamente para o que quer que aconteça, mas também nos fez encarar a vida de uma forma ainda mais valiosa. E, no que depender da força do Marcelo, este livro também irá alcançar muitas vidas. Como uma das pessoas que mais acreditaram nas suas vitórias, desejo de todo o meu coração que esta biografia chegue àqueles que estão desacreditados, tristes e deprimidos, mostrando que tudo pode ficar bem, que não há nada mais valioso que o exemplo de outras pessoas para podermos tentar enxergar o mundo de uma forma melhor.

# II
# RENASCIMENTO

"Por que eu?" era a pergunta que eu mais fazia naquela cama de hospital todos os dias que se seguiram depois que saí do coma, quase um mês após a minha internação. Mas até chegar a esse estágio foram semanas de incertezas e certa incredulidade, por parte de alguns médicos, de que eu pudesse de fato sobreviver. Ao mesmo tempo, foram semanas de uma perseverança inabalável da minha família, em especial da minha mãe, de que eu sairia vivo e recuperado, o que, aliás, se estenderia pelos meses e anos subsequentes ao meu acidente quase fatal, e que transformou a minha vida para sempre.

Quando a notícia chegou para minha mãe, foi um desespero. Meus pais foram chamados ao hospital e colocados em uma sala para receber melhores informações sobre meu quadro (meu pai já sabia, pois tinha passado pelo local do acidente). Os médicos tentaram relatar da melhor forma o que estava acontecendo, mas a gravidade era bem significativa e preocupante; as chances de sobrevivência eram mínimas, principalmente em decorrência do traumatismo craniano e por estar em coma. Minha pressão intracraniana estava sempre no limite, e, se o ultrapassasse, os médicos teriam que abrir a minha cabeça. Minha mãe nunca acreditou no que os médicos diziam, chegando até mesmo a ser um pouco mais firme do que o normal com eles, pois insistia na minha recuperação, dizendo que eu era forte, que ficaria bem, que iria sair daquela situação mais cedo do que eles imaginavam, pois ela conhecia a força que eu carregava.

Naquele momento recebia visitas apenas dos meus familiares e de algumas pessoas que trabalhavam no hospital. O que soube depois é que havia uma grande corrente de oração acontecendo em prol da minha recuperação, com muitos amigos e conhecidos. Então o pastor da igreja de um dos motoristas que trabalha conosco (Sr. Nelson) estava no hospital com sua esposa e decidiu tentar me ver, o que de algum modo foi autorizado, e foi então até a minha cama e começou a orar, trazendo a passagem bíblica de Lázaro (João 11).

Ele foi sussurrando em meu ouvido, assim como Jesus exclamou para Lázaro ir para fora, sair daquele sepulcro, foi intensificando que Jesus é a ressurreição e a vida, que quem crê nele, ainda que morra, viverá, e todo aquele que vive e crê jamais morrerá. Me dizia isso e acrescentava: "Vem, Marcelo, vem para fora, acredite, Deus tem muito que fazer, e você será testemunho para muitas gerações".

Acredito que aquela visita foi um sopro de vida, um despertar. Soube então dessa história depois de um ano, quando estava em casa e o Sr. Nelson pediu para levar seu pastor para me visitar. Então ele me contou todo emocionado o que havia acontecido naquele leito de UTI, e reforçou que eu era a prova viva de que Deus tinha muitos propósitos para mim.

Saí do risco de morte cerca de quinze dias depois do acidente, mas seguia ainda em coma induzido, então meus pais decidiram me encaminhar para São Paulo, pois acreditavam que eu poderia ter uma equipe multidisciplinar que acompanharia todo o meu processo de forma minuciosa. A transferência foi por meio de uma UTI aérea. Segundo minha mãe, foi uma "loucura", pois quase caí ao passarem a maca pela porta estreita da aeronave. Ela sempre esteve comigo, aliás, ela esteve comigo todos os dias, incansavelmente, até a minha alta do hospital.

Chegando ao Hospital Albert Einstein, em São Paulo, a avaliação ainda não era muito animadora, pois não havia condição nenhuma de ser operado naquele momento. Quadril, pernas e pés seguiriam quebrados até que o risco maior fosse descartado. Foram dias e mais dias de monitorização do meu quadro geral até que eu conseguisse ser liberado para as primeiras cirurgias ortopédicas, começando pelo quadril, e para que desse entrada na semi-intensiva, ainda inconsciente.

Quando finalmente acordei, no quarto do hospital, naquele 4 de abril, quase um mês depois do acidente, comecei a me deparar pela primeira vez com as sequelas neurológicas e motoras. A sensação era de um peso esmagador tomando conta dos meus braços e pernas, sendo praticamente impossível movimentar qualquer músculo naquele momento. Eu havia sofrido o que a medicina chama de "efeito chicote", que consiste na desaceleração abrupta da região cervical, ou seja, um violento tranco no pescoço, que provoca um forte movimento de chacoalhar do cérebro dentro do crânio. Isso fez meu cérebro desligar-se temporariamente, sendo forçado a reiniciar um tempo depois, só que dessa vez sem nenhuma informação prévia armazenada nele.

Eu simplesmente não lembrava mais como era escovar os dentes ou até mesmo comer. Desaprendi a fazer tudo. Tudo mesmo. Puxa, como foi difícil encarar que eu não podia ter controle sobre minhas ações e nem sequer tinha lembranças desses estímulos; tinha que ser alimentado com apoio de outras pessoas, precisava de alguém sempre por perto, porque havia perdido a capacidade de fazer as mais simples tarefas. O processo de reaprender tudo de novo foi uma trajetória de muito aprendizado e resiliência, uma etapa marcante na minha história.

Naquele momento, eu não conseguia me lembrar de nada do que tinha acontecido, e a única pergunta que passava na minha cabeça era: "Por quê?".

*Por que estou neste hospital? Por que estou internado? Por que não consigo me mexer?*, eram indagações que pairavam insistentemente na minha cabeça. Todos os meus dias e todas as minhas horas eram tomados pelo implacável questionamento de por que aquilo havia acontecido comigo, um jovem forte, saudável, que praticava esportes, apaixonado pela vida e que havia se tornado pai tão recentemente. Eu tinha uma vida inteira pela frente. O sentimento era de uma angústia torturante, que me fazia chorar a todo momento, sufocado por um inconformismo diante da minha nova situação. Eu simplesmente não entendia, e muito menos acreditava, que aquilo tivesse acontecido comigo. *Por que eu?* Foi um momento jamais esperado, de muita dor que saía de dentro da minha alma e alcançava todos os ossos e tecidos do meu corpo; chego a pensar que tive um início de depressão. Eu perguntava constantemente aos meus pais e amigos o que tinha acontecido comigo, pois não conseguia acreditar naquela nova realidade. Cheguei a brigar diversas vezes com a minha mãe, dizendo a ela que eu queria sair dali, pois não aguentava mais ficar naquele hospital. Queria ver meus filhos, queria estar com eles a qualquer custo, então minha mãe teve a feliz ideia de pedir para o Cezar do setor de TI da Facchini para ir até nós e levar um notebook. Ele instalou o MSN, que era a plataforma usada na época, e fez o mesmo em casa, em Rio Preto, para que eu pudesse ver as crianças – devido ao risco de contaminação, era impossível nos encontramos pessoalmente. Quando então conseguimos realizar a primeira chamada de vídeo, fiquei eufórico naquela cama de hospital. Aqueles momentos em que os via eram cheios de emoção, e carregados de uma vontade enorme de ficar bem para tê-los comigo logo. Que sofrimento.

Meu humor vivia péssimo, oscilando entre o estado deprimido e uma grande irritação. Eu tinha muitas dores musculares, que tomavam conta de todo o meu corpo; não conseguia encontrar posição para amenizar o que sentia, e, quando os efeitos das medicações estavam passando, era agoniante tudo aquilo. As dores mais íntimas eram as emocionais; elas eram carregadas de uma inquietude sem fim. Tudo doía demais, mesmo com todas as medicações que eram administradas diariamente. Por mais que eu quisesse ficar sentado, não conseguia manter essa posição por muito tempo. Catorze quilos mais magro desde que havia sido internado, sendo alimentado apenas por soro na veia por semanas a fio, eu estava bem debilitado e sem condições de conseguir qualquer posição que não fosse ficar deitado. A dor era tão insuportável no meu quadril que, pouco depois que me colocavam sentado, até mesmo para sair um pouco do quarto do hospital, logo já tinha de ser colocado de novo na cama, às pressas. Mesmo naquela situação agoniante, adorava ir ao restaurante do hospital para tomar um lanche e aproveitava esse momento para me conectar com outras pessoas; acabava esquecendo por alguns minutos que estava dentro de um hospital, dentro daquela "prisão" que era o meu quarto, e vivia períodos de bem-estar, o que, para meu sofrimento, duravam pouco, pois logo aquelas malditas dores voltavam a todo vapor e tinha que voltar correndo para me deitar. Aquele "novo normal" ainda me deixava perplexo, e muitas vezes me sentia confuso com tudo aquilo. Certa vez, lembro-me de acordar e olhar para minha mãe, ainda sonolento, e perguntar: "Mãe, o que aconteceu? Eu pulei da janela?". Eu tinha a impressão de ter visto na parede algo como risco de queda; ela, sempre muito paciente, me explicou o que estava acontecendo... hoje nós rimos dessa história.

Sem sombra de dúvida, a fé da minha mãe e de todas as pessoas que acompanharam meu sofrimento me mantiveram vivo. No total, foram sessenta dias de internação, e durante todos esses dias a minha mãe ficou comigo, acompanhando cada processo de reabilitação ao qual eu era submetido. Foram inúmeras sessões de fisioterapia respiratória e motora, e as fortes dores eram uma constante dentro daquela minha nova realidade. De atleta, me tornei um paciente com subpeso, fraco e portador de dores generalizadas. Havia quebrado praticamente tudo.

Cheguei a querer desistir, por não suportar aquela condição de extrema fraqueza em que me encontrava; com a cabeça em "parafuso", eu me sentia sem fé e sem desejo de me recuperar. Mas, quando parecia que eu ia sucumbir ao terror e desespero daquela situação, a salvação aconteceu por meio da força de quem nunca saiu do meu lado: dona Sônia, minha mãe. Uma mulher perseverante que, quando quer algo, vai muito além do possível. Essa é a minha mãe, turca forte, muito amorosa e voltada incondicionalmente para a família, uma pessoa que nunca se deixa abater.

> "Se não fosse por você, mãe, eu não estaria aqui hoje. Muito obrigado por tudo!"

Quando a dor lancinante insistia em me atacar, e minha mãe me via querendo parar com tudo aquilo e desistir, ela me encorajava dizendo: "Não, Marcelo; você não vai desistir. Nunca, Marcelo! Você é forte! Força, fortaleza!".

Nunca mais me esqueci desta frase: *Força, fortaleza*. Ela se tornou um mantra para mim, e todas as vezes me faz lembrar que a vida inteira lutei para conseguir alcançar meus sonhos e objetivos, sempre busquei ultrapassar meus limites; mesmo em meio a dificuldades e problemas, sempre "corri aquele quilômetro extra". Então, mesmo no momento mais perplexo da minha vida, que a transformou radicalmente para sempre, não era hora de jogar a toalha. Era hora de lutar com ainda mais força, mais garra, para sair daquele leito hospitalar.

O médico que estava me acompanhando naquela época era o Dr. Marcus. Ele era meu neurologista e me visitava com frequência para avaliar meu estado. Cheguei a insistir diversas vezes com ele para ter alta, dizendo que eu estava bem, afinal, queria sair correndo daquele hospital para estar com meus filhos em casa. Mas em todas as tentativas o doutor se recusava, dizendo que ainda era cedo e que eu não estava totalmente pronto; isso me deixava muito aborrecido e irritado.

Estava difícil de sair aquela alta, então chegou um momento em que não aguentei mais e pedi para ver meus filhos. Eles já estavam com praticamente quatro meses (haviam ficado dois meses no hospital e já fazia dois meses que estavam em casa), mas não tinham ido me ver devido ao baixo peso, e, por recomendações pediátricas, era melhor aguardar as vacinas devidas, evitando assim qualquer problema. O dia especial era aguardado não só por mim, mas por toda a minha família, pois todos viam o anseio que eu sentia por querer estar com eles. Então, no 57º dia da minha internação, eles foram trazidos de Rio Preto para São Paulo. Era uma quinta-feira, e jamais vou me esquecer da sensação de ter os dois nos meus braços novamente, depois do dia em que quase morri. Aquele reencontro foi uma ducha de alegria, com uma mistura gostosa de tranquilidade, amor e carinho, algo fantástico que vivi pela primeira vez em todo aquele deserto que eu estava atravessando. Meus filhos vieram para me dar a paz de que eu tanto precisava para voltar a falar com o meu neurologista, o que fiz logo na manhã do dia seguinte à visita deles. Aquele era o momento, eu precisava ter alta!

Eu sentia que era o momento de falar com meu médico, e não hesitei em fazer aquele pedido, então disparei, animado:

— Doutor, hoje é sexta-feira... Você vem trabalhar neste final de semana?

— Não, Marcelo, não virei — ele respondeu com um olhar desconfiado, já imaginando o que eu iria pedir.

— Estive pensando que poderíamos fazer um acordo. O que o senhor acha de me liberar de alta, e se por acaso acontecer algo eu retorno? Qualquer coisa que aconteça, eu volto. Terei uma equipe em Rio Preto comigo. Terei enfermeiros, médicos, e se tiver algum problema eu volto imediatamente. Segunda-feira estarei aqui. Serei o primeiro a chegar no hospital.

Para minha alegria, ele respondeu tudo o que eu queria ouvir:

— Nossa, Marcelo, a visita dos seus filhos realmente te proporcionou uma melhora grandiosa, eles trouxeram um efeito milagroso para sua recuperação, seu quadro teve uma evolução bem significativa, e sinto que você está bem, que realmente seja a hora de ter alta. Pode ir para casa!

Meus filhos definitivamente me colocaram no centro, me trazendo uma calma e uma paz interior que me possibilitaram conquistar a minha volta para casa, antes praticamente impossível, pelo estado de nervosismo e inquietude em que eu me apresentava durante as conversas com meu médico. Finalmente aquela primeira fase de internação havia acabado, e a próxima parada era o meu tão sonhado e desejado lar.

"**Força, fortaleza.**" Até hoje uso esse mantra na minha vida pessoal, e, nas palestras que falo sobre superação, trago muito essa experiência e seu real significado. Na minha história, essa frase foi proferida pela primeira vez pela minha mãe, que foi basicamente a pessoa que me tirou da rota de colisão com a desistência quando logo no começo estava perdendo as esperanças de lutar pela minha vida.

Essa atitude dela foi tão poderosa que hoje em dia sempre falo para todos que conheço: se você tem um amigo, alguém que está sofrendo por alguma razão, ajude essa pessoa. Se você não puder ajudá-lo diretamente na dificuldade que estiver enfrentando, como no caso de uma doença ou alguma outra situação grave, seja gentil e empático. Ofereça seu ombro amigo, e procure fazer algo por ele.

A nossa jornada pode até não fazer sentido agora, mas Deus tem a promessa de nos levar aonde Ele disse que levaria. As coisas podem não parecer tão prováveis, e tudo pode ser visto como um deserto sem fim, mas, se crermos, chegaremos à Terra Prometida. Plante isso no seu coração e no coração daqueles que você sabe que de alguma forma deixaram de acreditar.

# III

## MILAGRE

Segundo a mitologia grega, existia um pássaro de rara beleza, com penas douradas, vermelhas e arroxeadas. Essa ave tinha longa vida e era capaz de suportar o peso de fardos gigantescos. Sua habilidade especial era de, após se pôr em chamas, renascer de suas próprias cinzas, ainda mais forte. A fênix nos traz uma reflexão bastante curiosa, pois sua capacidade de renascer é uma forma totalmente sobrenatural. Vivi muito disso ao longo da vida, precisei me abastecer de mim mesmo e buscar dar a volta por cima em vários momentos. Muitas pessoas duvidaram e duvidam até hoje da minha história, de como consegui passar por todo aquele sofrimento, e, aos olhos da ciência, como meu corpo pôde corresponder tão bem a todo o tratamento a que fui submetido.

Quatro anos depois do meu acidente, tive a oportunidade de buscar novas opiniões e fui para Nova Jersey, onde um médico conceituado em casos semelhastes me recebeu com o intuito de avaliar melhor os meus exames. Assim que colocou os olhos nas minhas ressonâncias, disparou: *"Thanks God!"*. Ele me explicou o quão anormal eram aquelas evidências, pois nunca tinha visto algo parecido; ficou perplexo por me encontrar bem, sem grandes sequelas. Tanto que até hoje os exames que apresentei são utilizados em alguns estudos, pois meu caso, do ponto de vista da medicina tradicional, é considerado improvável. Mas a palavra na realidade não é essa. O meu caso se chama "milagre".

Quando finalmente cheguei em casa sessenta dias após o acidente, a emoção que senti foi algo indescritível. Eu não andava, havia desaprendido praticamente todos os movimentos e perdido a coordenação motora, o que me deixou completamente dependente, naquele momento, do cuidado de todas as pessoas à minha volta. Era como se agora houvesse um terceiro bebê naquela casa, afinal, meus filhos estavam com pouco mais de quatro meses, e, assim como eles, eu passava o dia na cama, dependendo do cuidado dos enfermeiros. Minha casa virou uma espécie de clínica, que estava sempre com uma equipe de médicos, enfermeiros e fisioterapeutas.

Antes de tudo aquilo acontecer, eu era uma pessoa completamente ativa, altamente ligado em esportes, sempre cheio de energia. Além de cumprir uma agenda extensa de compromissos com a empresa, participava de maratonas, praticava os mais diferentes e ousados esportes e amava desfrutar de toda a liberdade de ir para onde quisesse, com muita disposição e vitalidade. Sempre amei a vida e tudo que podia desfrutar dela. Agora imagina o que aconteceu quando tomei ciência do meu verdadeiro estado, enclausurado numa cama, sem poder colocar o pé no chão ou mesmo virar de lado para dormir? O desespero, a revolta e o inconformismo bateram forte. Eu não acreditava que não podia mais fazer as coisas mais básicas da vida, não queria aceitar de maneira alguma aquela condição, não queria ser carregado por enfermeiros todos os dias em um lençol móvel deslizante (lençol de traçado, que é utilizado para transferência e manobra de pessoas, sendo funcional para auxiliar pacientes que tiverem alguma necessidade pontual), receber ajuda para subir e descer as escadas de casa. Me vinha o pânico de cair, pois não tinha mais controle dos meus movimentos, não queria sentir aquela impotência de não poder fazer a minha própria refeição, não me conformava com o fato de não poder segurar meus filhos no colo, o que, aliás, nunca mais poderia fazer estando de pé.

Era com todos esses sentimentos intensos que eu encarava a dor da fisioterapia diária. O primeiro fisioterapeuta que acompanhou meu retorno para Rio Preto era e é um profissional muito estimado e respeitado na área da saúde. Messias esteve comigo em processos bem difíceis e delicados, nos tornamos bons e "velhos" amigos, e hoje seguimos o tratamento de forma assídua. Ele sempre me instigou a ser uma pessoa focada, para recuperar o máximo de autonomia que fosse possível. Naquele momento em que voltei para casa, meus objetivos eram, além de poder comer com garfo e faca (sempre voava arroz para um lado e carne para o outro; confesso que era bem difícil e, ao mesmo tempo, engraçado), poder pegar o controle remoto e trocar sozinho de canal, poder simplesmente me virar de lado na cama e fazer outras infinitas coisas a que, infelizmente, só damos o devido valor quando realmente precisamos. Mas Messias não deixava que esses maus pensamentos tomassem conta de mim. Ele acreditava sempre que eu poderia ir além do que desejava, sempre vibrou com as minhas conquistas e com a minha evolução. Nos divertimos muito, pois as sessões de fisioterapia se tornaram também um encontro para compartilhar um pouco a vida.

Nunca vou me esquecer do dia em que finalmente consegui me virar sozinho na cama. Já era tarde da noite, e eu estava assistindo à TV, que naquela época não oferecia tantas opções quanto os serviços de *streaming* de hoje, então senti vontade de dormir. Acontece que eu estava virado de barriga para cima, e não me sentia confortável em dormir naquela posição. Comecei a mentalizar fortemente que conseguiria me virar, puxando um ímpeto tão grande de dentro de mim, mentalizando *"Força! Força! Força!"*, porque eu queria me virar de qualquer jeito sem ter que chamar alguém. Passados alguns minutos, enfim me virei! "Aaahh!!!! Consegui!!!" O grito de emoção saiu da garganta, e vibrei muito, comemorei demais aquele momento, que, aos olhos de muitos, pode parecer um simples ato, mas para mim representou uma grande vitória.

> "Comemorar pequenas vitórias é sempre fundamental. Você já parou para pensar que uma porção de pequenas vitórias que são coletadas ao longo dos dias acaba formando grandes conquistas? Se ainda não reparou, preste mais atenção nisso, pois certamente fará toda a diferença nos seus resultados."

## Por que eu?

Evidentemente, a luta para recuperar meus movimentos e poder viver com independência parecia cada dia mais distante. As atividades básicas eram trabalhosas, era tudo muito difícil, mas, se você me perguntasse qual foi a maior conquista alcançada, sem sombra de dúvidas, posso afirmar que foi o fato de concentrar meus pensamentos para que as coisas pudessem acontecer; eu exercia muito o poder da mentalização positiva.

Nos primeiros meses de volta para casa, não se passava um dia sem que eu chorasse e lamentasse por tudo que tinha acontecido comigo. Simplesmente não aceitava estar em cima de uma cama, sem poder andar, sem compreender por que não me lembrava mais de como fazer as tarefas que envolviam coordenação motora, não suportava aquela dor e sofrimento. Diante disso, o que eu fazia? Murmurava a Deus. Questionava o porquê de estar naquela situação. Por que aquele acidente horrível tinha acontecido comigo? Por que Ele tinha me colocado naquele carro?

Foram semanas, que se tornaram meses, vivendo aquela angústia de remoer tudo o que havia acontecido comigo, amargurado e um pouco deprimido. Nesse período contei muito com o apoio da minha família e dos amigos. Meus filhos foram fundamentais para que eu pudesse compreender a minha nova realidade, mas mesmo assim havia momentos em que a sombra do pessimismo falava mais alto, eu me olhava no espelho e lembrava como eram as coisas antes de tudo aquilo, e doía muito todos aqueles momentos felizes serem apenas recordações passadas.

Segui em altos e baixos, até que um dia resolvi ver as fotos do acidente. Sentia certa repulsa em fazer isso até então, por se tratar de algo tão forte, mas talvez as ver pudesse trazer alguma nova perspectiva de recomeço. Foi então que um amigo, o Ricardo, revelou que tinha algumas imagens daquela tragédia, e que, no momento em que eu me sentisse preparado para vê-las, ele iria me mostrar. Passados uns quatro meses, em fase de recuperação em casa, pedi as fotos, e realmente foi algo impactante. E ao mesmo tempo revelador, pois eu quase não acreditei que era eu ali naquelas imagens. Só pude ter certeza depois dos detalhes que observei. Estava com uma camiseta branca e uma calça jeans que rasgaram devido ao "esmagamento" que sofri; fiquei em uma posição absurdamente compacta; o carro ficou estraçalhado, algo que eu jamais tinha visto.

Uma das fotos do estado em que fiquei dentro do carro logo após o acidente.

Quando vi aquelas fotos, não contive as lágrimas, e sei que muitas pessoas ainda se emocionam quando as veem. Simplesmente compreendi naquele momento que Deus não havia me colocado naquele carro para morrer, como eu pensava antes; muito pelo contrário. Ele havia me tirado de lá e me livrado da morte, porque tinha muitos propósitos para mim. Daquele dia em diante, nunca mais reclamei, e hoje sei que eu precisava enxergar a real dimensão do que havia acontecido comigo para finalmente entender que o fato de eu ter sobrevivido foi um verdadeiro milagre, sem possibilidade de explicação humana. Hoje, todas as vezes que vejo essas fotos, sinto uma paz muito grande, pois me remete à mão de Deus me tirando daquelas ferragens, me dando uma segunda chance de viver, de poder fazer algo diferente.

Ver que as ferragens haviam atravessado minhas pernas e esmagado meu quadril, que os meus pés tinham sido prensados pelo motor e o teto do carro havia afundado meu crânio, me levando diretamente a um estado de coma, me fez entender que a minha vida havia sido salva por uma obra divina, pois, pela lógica, seria impossível sobreviver a um acidente tão violento como o que sofri.

Precisei ver aquelas fotos para colocar um ponto-final em todo o sofrimento que ainda existia dentro de mim; então decidi que nunca mais iria reclamar ou murmurar por qualquer coisa que fosse. Finalmente tive aquele despertar na vida, e segui em frente para lutar pela nova chance que havia recebido. Esse foi o momento em que Deus, mais uma vez, me mostrou o quanto eu era um filho amado, um filho querido, porque até então eu questionava muito tudo aquilo pelo que estava passando, cobrando dele uma resposta.

> "Ele me deixou vivo para que eu pudesse ver meus filhos crescerem. Ele me deixou vivo para que eu pudesse evoluir ainda mais. Ele me deixou vivo para eu cumprir o meu propósito de vida, ajudando as pessoas a se transformarem, assim como eu me transformei."

Não foi o fato de ter sido socorrido às presas que me tirou daquele carro com vida, pois todos os médicos concordaram que vivi algo sobrenatural, dizendo que não tinha como eu estar vivo; no mínimo, era para estar vegetando, com tantos coágulos na cabeça que carrego até hoje. Com a parte óssea, a medicina pôde me ajudar, mas com a parte neurológica era, e é, tudo muito delicado. Não se teria como prever as respostas que meu organismo iria dar, então creio que nesse ponto é mais que provável que seja um milagre de Deus em minha vida.

Costumamos ouvir que há duas maneiras de conhecer a Deus: no amor ou na dor. E eu conheci na dor. Então, pensando nisso, você que está aí do outro lado, pense assim comigo: todas as vezes que tivermos o ímpeto de perguntar "por que eu?" no momento difícil, de dor, ou de desespero, que possamos fazer o seguinte exercício: encostar a cabeça em um travesseiro, procurar uma posição agradável e, de olhos fechados, refletir:

O que eu posso fazer de diferente na minha vida?
O que preciso mudar?
O que posso fazer para sair desse episódio caótico que tem me feito tanto mal?

Reflita com atenção sobre cada uma dessas perguntas e responda a si mesmo; inclusive anote suas considerações, se for possível, pois, se você fizer as mesmas coisas que fez até hoje, simplesmente continuará tendo os mesmos resultados.

## Degrau por degrau

No ano em que renasci, enfrentei muitos desafios, pelos quais jamais pensei que pudesse passar na vida. Aquela dor era intensa demais, era profunda. Na maior parte do tempo, o desânimo tomava conta de mim. Mas se tem uma coisa que muita gente esquece é que a dor também é um sinal de crescimento, pois, quando entendemos que ela faz parte de um processo de amadurecimento para nossa evolução, tudo se torna mais fácil de conduzir. Acredito que esse seja o intuito; não adianta passarmos pelo vale e não conseguirmos tirar aprendizado da situação; quem infelizmente não consegue fazer essa reflexão padece em um sofrimento contínuo. Fui mentalizando o que poderia me trazer prazer e satisfação, e a palavra que ecoava constantemente na minha cabeça era trabalho. Meus pensamentos voltavam àquelas lembranças que eu tinha vivido na empresa, e ao quão completo eu me sentia quando estava ali.

Até então minha casa havia se tornado o centro da minha vida naquela época, sendo meu lar e meu hospital. Aos poucos consegui inserir algumas rotinas do meu trabalho, acessava e-mails, entrava no sistema e realizava reuniões com os gerentes uma vez por semana, ali mesmo, na sala de casa. No começo era um pouco estranho, mas depois fomos nos acostumando, definíamos metas e estipulávamos os melhores planos de ação. Essas reuniões nos proporcionavam posicionamentos práticos e conclusivos, e foram muito importantes para mim e para a empresa.

Entretanto, eu não via a hora de poder voltar à fábrica, estar em contato com as pessoas e respirar novamente tudo que sempre fez parte do meu dia a dia, e que eu simplesmente amo fazer.

Um dos momentos mais emocionantes que vivi foi a volta à Facchini. Eu ainda não tinha ideia de como seria; já havia passado quatro meses pós-acidente, e fui criando coragem para retomar aos poucos esse contato que era tão importante para mim, então decidi encarar meus medos, receios, e tentei deixar que a dor não fosse um empecilho. Chegando lá, mesmo de dentro do carro, sem descer, comecei a ver as pessoas que faziam parte da minha história, do meu crescimento profissional e pessoal, e me impressionou perceber a emoção no semblante delas; algumas choravam em meio a sorrisos largos, felizes de verdade em me ver vivo e me recuperando. A sensação que tive foi algo inexplicável, sentimento de carinho, cuidado e afeto com aqueles que somaram muito na minha trajetória; era realmente uma injeção de ânimo e força. Foi bom demais estar ali, poder vê-los, pegar na mão, sentir o calor humano. Foi um verdadeiro sinal de que eu era querido e amado. Alguns me relataram o quanto oraram a Deus pela minha recuperação, para que eu pudesse ficar bem logo, voltar ao trabalho, retomar minhas atividades e poder continuar contribuindo com os resultados da empresa. Aquele medo de rejeição e desconforto logo foi embora; não houve nenhum sentimento que não fosse de inteira satisfação, pois estava de volta a minha segunda casa.

Após todo aquele período de adaptação, fui me colocando em novos desafios, aos poucos fui subindo os degraus das escadas de casa e do escritório, que era uma verdadeira prova de fogo, pois meu quadril ainda doía muito e minhas pernas não respondiam na mesma velocidade que meu cérebro ordenava, então precisava de ajuda e apoio. Cada degrau era um passo a mais na minha evolução, as pessoas que me ajudavam sempre me colocavam para cima, me apoiavam e sentiam que eu poderia vencer mais aquela etapa. Eu seguia de cabeça erguida e com muita determinação, fazia tudo com calma, procurava dosar a forma como me cobrava, e fui aprendendo que o segredo não é apenas a força física, mas também o jeito e a forma como respeitamos o nosso tempo.

## Mais uma queda, mais uma vitória

Passados alguns meses do acidente, eu finalmente já conseguia colocar o pé no chão e andar, na minha nova condição de portador de espasticidade muscular, que é um distúrbio no controle muscular caracterizado por rigidez e aumento dos reflexos dos tendões, decorrência do traumatismo craniano que sofri. Até chegar a essa fase foi uma batalha gigante, pois precisei aprender tudo de novo. Tive que aprender principalmente a exercitar a paciência para entender que o meu tempo não seria mais o mesmo de antes, muito menos o das outras pessoas, e que seria necessário respeitar o processo de recuperação que meu corpo exigia.

Lembro-me de certa vez ter pedido uma massagem nos pés (afinal, quem não gosta, não é mesmo?) para a babá dos meus filhos, pois me sentia muito tenso e dolorido. No começo estava uma maravilha, era apenas aquela dorzinha gostosa e relaxante, e ao final da massagem eu estava me sentindo realmente bem; até que, passado um tempo, comecei a sentir dor, que foi aumentando, e não parou mais, o que me fez ligar preocupado para o meu médico, que estava de folga naquele final de semana, mas mesmo assim me atendeu, dizendo: "Marcelo, é claro que você iria sentir dor com essa massagem; pois um dos seus pés foi quebrado em dezesseis partes, e o outro em quinze, eles estão em fase de reparação óssea! Vai levar um tempo até cicatrizar 100%. Provavelmente ela só os colocou no lugar, mas não tem problema não, pode relaxar que isso não vai te causar nenhum dano". Finalizamos a ligação dando altas risadas, e, mesmo com dor, tudo aquilo ainda terminou como uma boa história para contarmos.

Confesso que, em um primeiro momento, fiquei chocado com aquela informação, mas ao mesmo tempo entendi que deveria redobrar meus cuidados, pois ainda era tudo novo em relação ao meu corpo; ele estava trabalhando para se recuperar, não podia deixar de voltar os olhos para qualquer descuido. Não só meus ossos foram quebrados, mas também meus nervos, tendões e ligamentos se partiram, e o maior risco que eu corria era de ter trombose. De imediato os médicos intensificaram o tratamento e entraram com medicação: três meses sendo medicado diariamente para evitar que evoluísse para uma tromboembolia (também conhecida como embolia pulmonar, que é causada por coágulos de sangue originários das pernas ou, em casos raros, de outras partes do corpo). A convulsão também era uma possibilidade, mas graças a Deus, devido a minha disciplina e ao monitoramento dos remédios, tudo ficou sob controle. Sinceramente, nunca imaginei passar por uma situação assim. Até então, não era de tomar remédios, nem sequer havia levado um ponto em toda a minha vida.

Eu já estava empolgado por ter voltado a trabalhar, mas, quando a dor do quadril no lado esquerdo voltou e se tornou cada vez mais aguda, de modo que remédio algum fazia mais efeito, parti para São Paulo em busca de solução. Até então meus médicos não entendiam qual era a causa, e fiquei praticamente seis meses sentindo uma dor insuportável. Encontrei um especialista na área que, ao ver minha radiografia, disparou sem hesitar: "Marcelo, o seu caso é de prótese. Você vai ter que colocar uma prótese no quadril esquerdo, urgentemente".

Mais uma vez senti meu mundo cair. Fiquei desesperado, pois, depois de tudo pelo que havia passado e a melhora que tinha apresentado, receber aquela notícia foi como uma regressão na minha recuperação. O médico me deixou ainda mais aflito quando afirmou que não poderia garantir que a cirurgia resolveria o meu problema, em razão das minhas dificuldades motoras. Aquele foi um dos piores momentos após o primeiro ano do acidente, pois me vi caindo mais uma vez, preso a uma situação angustiante. A ansiedade batia à porta outra vez.

O processo de reabilitação da luxação do quadril foi um longo percurso, e demorou até eu voltar a ficar de pé. Estava fraco, não tinha forças, perdi massa muscular no corpo todo de forma significativa, em especial nos braços, e foi muito difícil dar os primeiros passos. Mesmo com o apoio do andador, foi complicado me equilibrar nas primeiras tentativas. Assim, fui intensificando ainda mais os movimentos na fisioterapia, com o objetivo de melhorar minha condição. Buscava incessantemente a capacidade de permanecer de pé, e então conseguir segurança suficiente para caminhar, tanto no andador como nas inúmeras barras de apoio que foram instaladas em casa. O foco para alcançar esse propósito vinha carregado de esperanças e expectativas, pois meu desejo era de ir logo visitar a fábrica – naquela época, ainda ia acompanhado por um motorista.

Não podemos desistir ao longo do caminho, mesmo que por vezes sejamos surpreendidos e as pedras insistam em atrapalhar o percurso. É importante carregarmos uma porção de bons pensamentos, que nos tranquilizem, e estar com pessoas que serão nosso ponto de apoio. Sei que por vezes somos arrastados por uma onda de problemas e dificuldades, que não conseguimos ver o fim daquilo, mas uma hora a solução aparece como algo para nos tirar daquele mar caótico. Era assim que eu me via naquele contexto.

Mesmo com aquela sentença em mãos, parti em busca de uma segunda opinião, e a resposta mais uma vez não era a que eu esperava ouvir. Realmente eu precisava de uma prótese. Ao menos esse segundo médico foi acolhedor e me animou a realizar a cirurgia, me explicando que daria tudo certo e que eu teria a solução para a minha dor – "Afinal, ninguém merece sentir dor", disse o doutor. O osso do meu quadril esquerdo havia sofrido o que a medicina chama de "osteonecrose", que é quando falta irrigação sanguínea numa parte do osso e ele sofre necrose, ou seja, aquela parte do corpo morre. Diante daquele diagnóstico, a única alternativa era operar, para que eu tivesse chance de voltar a andar e me livrar daquela dor insuportável. Consciente de que aquela era a minha única opção, quase dez meses após meu acidente, lá seguia eu novamente para o hospital a fim de realizar mais uma cirurgia e então encarar uma semana de internação para me recuperar. Não foi nada fácil. Essa cirurgia no quadril foi mais um percalço, mais uma queda da qual tive que me levantar para seguir em frente, e a vitória, graças a Deus, foi alcançada.

Os sete dias que fiquei no hospital me trouxeram recordações que me fizeram refletir muito sobre minha história. Não que eu não tivesse feito esse exercício antes, mas, somando aquela nova situação, pude concluir que eu era mais forte do que imaginava. Fui dando valor às oportunidades e observando os inúmeros detalhes que a vida me proporcionava. Antes não reparava com tanta atenção, devido à correria do dia a dia, e há uma curiosidade que vocês não vão acreditar: era na hora das refeições que eu conseguia ficar mais relaxado e tranquilo, pois na hora do almoço e do jantar eu me conectava com aquele momento de saciedade e não pensava em mais nada; eu adorava aquela comida, era a melhor sensação que eu tinha, ficava esperando ansiosamente por aqueles momentos, pois acabava esquecendo um pouquinho as dores e aquele momento difícil ali no hospital.

Depois que retornei de São Paulo, operado do quadril, segui na reabilitação e assumi desafios ainda maiores não apenas nos cuidados físicos, mas no trabalho também. Passei a cuidar de uma área para mim totalmente nova, que era a de gestão de pessoas. Eu aprendi que muito mais importante do que ter o controle de todos os processos e da produção é ver de perto o quanto as pessoas amam de fato o seu trabalho e fazem tudo por amor. Nós temos no site da Facchini uma frase que diz assim: ANTES DOS PRODUTOS, VÊM AS PESSOAS! AS NOSSAS PESSOAS. Eu criei essa frase pensando justamente em como essa área de gestão de pessoas me fez ter um olhar ainda mais humano para com o outro. Sempre gostei de interagir com as pessoas, mas quando assumi essa área me tornei ainda mais aberto. Pude abrir não apenas a porta da minha sala para ouvir as necessidades, sugestões, dúvidas e compartilhar as mais diversas informações, mas abrir minha mente e meus braços para acolher qualquer necessidade. Sou uma pessoa que ama o que faz, e não tem nenhum assunto ou necessidade que eu não deixe de ouvir, acolher e orientar, afinal, também aprendo muito com cada um que está no meu dia a dia. Havia mais ou menos 5.500 colaboradores naquela época. Assim como sempre foi desde que comecei a trabalhar na Facchini, nada nunca foi fácil ou dado como privilégio por eu ser filho do dono. Então agora lá estava eu, aprendendo a lidar com uma nova área, enquanto lutava diariamente para me superar cada vez mais, sem perder o enorme desejo de voltar a andar e viver a minha vida intensamente.

## Frutos – paternidade, meu maior bem

Lidar com as frustrações foi uma constante naquele período de adaptação que eu estava vivendo. O fato de ter que me sujeitar a uma nova cirurgia mexeu muito comigo. Mas os momentos de maior angústia por que eu passava sem dúvidas eram aqueles em que eu queria muito pegar os meus filhos no colo e brincar com eles, mas não conseguia. Sei que ser pai não é só isso, mas o fato de não ter condições de correr e brincar me deixava muito aflito e chateado. Com o tempo, porém, fui percebendo que eles interagiam comigo, me inserindo de forma leve e natural nas brincadeiras; adorávamos videogame, jogos de tabuleiro, cartas, jogos de adivinhação, entre outros. Rafa adorava jogos que pudessem desafiá-la (mas, quando perdia, ficava muito brava); eu ainda arriscava, mesmo que sentado, segurar as bolas que o Lucca jogava na minha direção, para poder fazer o nosso futebol. Algo que sempre idealizei era ver meus filhos crescerem na empresa tendo as mesmas experiências que eu e meus irmãos tivemos quando crianças. Rafa e Lucca adoravam ir à fábrica para brincar, jogar bola e desenhar. Sempre que tinham uma oportunidade, eles iam de carrinho elétrico visitar a produção (claro que ainda era apenas "a passeio") e voltavam cheios de histórias. Isso tudo me dava uma sensação tão prazerosa, pois saber que eles já gostavam de estar ali me trazia muitas lembranças do meu tempo, de quando ainda era um menino.

Eles me fazem ser uma pessoa melhor e completa, me ensinam todos os dias, e hoje, na fase da adolescência, me trazem novidades grandiosas que me fazem ser o pai mais feliz do mundo (meio clichê, eu sei, mas é assim que me sinto). Estamos sempre juntos, compartilhando os momentos. Sou um homem de muita sorte, meus filhos são minha maior riqueza, são o maior motivo que me faz acordar todos os dias.

Em 2023, tive a feliz surpresa vinda dos meus gêmeos de me pedirem para ir à Facchini para poderem conhecer melhor o meu trabalho. Isso me fez acreditar que aquela sementinha plantada neles ainda crianças não deixaria de florescer, pois agora vejo essa sede enorme de conhecimento crescendo no coração dos dois, aos catorze anos, o que me deixa muito orgulhoso. Iniciaram me pedindo para contar mais sobre minha rotina de trabalho, e o que eu faço de fato. As perguntas eram tão maduras que eu fico pensando o quão diferente está essa geração. Isso me deixa admirado e esperançoso com o futuro da juventude. Então eu fiz o seguinte convite a eles: "Rafa, Lucca, o que vocês acham de conhecer melhor a Facchini e meu trabalho, para verem na prática como é toda essa dinâmica". Eles amaram o convite, e eu, como pai apaixonado que sou, não pude conter também minha empolgação.

Inicialmente participaram de algumas reuniões gerenciais nas unidades de Rio Preto e Mirassol, e no dia seguinte fomos para Votuporanga. Fizeram questionamentos sobre diversos assuntos e foram conhecer melhor as fábricas com os gerentes de produção. Fiquei impressionado com a postura e a desenvoltura que eles apresentaram. Os adolescentes da minha época tinham poucas informações se comparados aos de hoje. Eles já sabem o que querem, preocupam-se com o planeta e com a sustentabilidade, estão com uma visão de responsabilidade muito maior do que os adolescentes dos anos 1990.

Os aprendizados daqueles dias abasteceram não só Lucca e Rafa, mas principalmente a mim. Meu pai estava em sua sala quando chegamos de Votuporanga, e ficou muito contente em saber que eles ficaram esses dias me acompanhando. Pude ver em seus olhos a aprovação, sinalizando o quão positivo tinha sido esse ato tão despretensioso, que surgiu de um interesse tão singelo e puro, o que o fez parabenizá-los por terem esse desejo de conhecer um pouco melhor nossa empresa.

À noite liguei para minha mãe, pois também era uma data especial para ela e meu pai; eles estavam comemorando 51 anos de casamento, o que é uma alegria para toda a família, e aproveitei para contar sobre a visita dos meus filhos à fábrica, mas ela já estava emocionada dizendo que meu pai havia lhe contado, todo alegre e animado.

Meus olhos se encheram de água e uma emoção tomou conta de mim; lembrei-me de quando comecei a trabalhar na Facchini contando parafusos e porcas no almoxarifado. Tive a oportunidade de relembrar momentos que vivera havia trinta anos, pois tudo que foi proporcionado a mim foi conquistado aos poucos. Os seis netos são a quarta geração da família e precisarão ter uma estrutura bem segura que os faça sentir amparados e prontos para o futuro que os aguarda, pois eu e meus irmãos estaremos prontos para ensiná-los, assim como nosso pai nos ensinou.

## Dessa vez desmoronei... será que tudo está perdido?

Todas as quedas que sofri tiveram muito significado para mim. Lembro-me de quando estava reaprendendo a andar, o quanto foi sofrido e um processo bem difícil. Sabia que seria natural ter as quedas físicas, e que elas aconteceriam; meu corpo não era mais o mesmo, minha mobilidade estava em fase de aprendizado, meus músculos precisavam tomar forças, tudo era muito intenso e delicado, o processo era desafiador. Minhas energias eram voltadas quase 100% para me tornar independente. Voltar aos meus movimentos era tudo com que eu mais sonhava, então, por muito tempo, não parei para analisar meus demais sentidos. E é neste ponto que entra a história que vou lhes contar.

Eu estava me arrumando para ir trabalhar e, quando já estava terminando, dei algumas borrifadas do perfume de que eu tanto gostava; porém, percebi que havia algo estranho: eu não sentia a fragrância.

Peguei minhas coisas, entrei no carro e fui para a empresa. Nas primeiras reuniões do dia, notei que algumas pessoas se olhavam e riam; perguntei o que estava acontecendo, mas elas não queriam falar. Até que um deles me disse que achava que eu tinha exagerado um pouco no perfume, pois estava muito forte. Começamos a rir, e aí, sim, me dei conta de que eu realmente tinha perdido essa sensibilidade.

Mais tarde, em contato com meu médico, ele afirmou com mais precisão o que provavelmente estava acontecendo – logo depois de alguns exames, tivemos a certeza. Uma das causas mais comuns da perda permanente do olfato é o TCE, e aquela era uma das sequelas em decorrência do acidente. Eu poderia ter perdido qualquer outro sentido, inclusive o interesse sexual (e, aliviado, disse para o meu médico que, dos males, então, o olfato tinha sido o menos danoso). O médico, então, me mostrou o que de positivo havia nisso: "Veja bem, Marcelo, acho que não é tão ruim assim, porque há alguns cheiros que são bem desagradáveis; vejamos pelo lado bom, você não vai precisar passar por alguns desprazeres" (risos). Segui minha vida normalmente, usando os perfumes de que tanto gosto, mas, claro, de maneira mais cautelosa, e concentrando meus pensamentos nas memórias afetivas, recordando-me de como era gostosa aquela sensação, e como era bom sentir aqueles cheiros. Mesmo que tenha perdido essa sensibilidade, o cheiro dos meus filhos está arquivado no meu íntimo, e não sei como, mas sempre os reconheço pelo olfato quando eles me abraçam. Às vezes não conseguimos desvendar muitas coisas em relação a nós mesmos, e pensamos que tudo tem que ser visto de forma real e palpável. Decidimos fazer uma tempestade e esquecemos de aproveitar o que de bom tiramos de cada experiência. Quando a Rafa e o Lucca estão comigo vem à minha memória aquele cheirinho gostoso do primeiro banho que dei neles quando saíram da UTI. Anos podem se passar, mas meus filhos terão para sempre esse cheiro aqui comigo.

Meus filhos foram fruto de uma alegria jamais mensurada. Fui casado por sete anos, e tivemos um casal de gêmeos lindos, a Rafaella e o Lucca, que vieram para transformar e tornar o meu mundo melhor. Como sou muito família, a minha sempre foi um pilar fundamental na minha vida. Contudo, cerca de quatro anos após meu acidente, Nathalia e eu nos separamos. Sentíamos que já não estávamos mais correspondendo um ao outro, e fizemos o divórcio de maneira tranquila e amigável, afinal, vivemos tantos anos juntos, construímos muitas coisas e passamos por tantos desafios, que queríamos continuar tendo um bom convívio. Ainda assim, foi um período de readaptação ao novo mais uma vez. Claro, o contexto era outro; nada se compara à minha vida pós-acidente e às sequelas que carrego comigo. Entramos em consenso de que as crianças continuariam morando com ela, mas estamos juntos quase todos os dias. Sempre participei do crescimento e da vida deles, e assim será para sempre.

Acontece que, após a minha separação, intensifiquei meus tratamentos com o intuito de me recuperar cada vez mais. O tempo foi passando, e eu me tornava muito confiante; era nítido que já estava seguro e preparado para voltar a fazer algumas coisas que ainda não tinha arriscado fazer – uma delas, voltar a dirigir e a sair com amigos, afinal, eu queria mais do que nunca me sentir vivo. Mas por um tempo me senti inseguro, e preocupado em como seria retomar a direção de um veículo. Não sentia segurança o suficiente na perna nem no pé. Ao mesmo tempo que desejava muito esse momento, ficava me questionando se daria certo. Procurei algumas formas que me dessem certo controle caso realmente o pé não correspondesse, e foi então que consegui um apoio desenvolvido para que eu tivesse domínio na mão, caso necessário. Foi um dia inesquecível, tomado de uma liberdade inexplicável, já que por muito tempo dependi de motorista. Ainda assim, mesmo estando na direção, preferi que meu motorista me acompanhasse por mais uns dois meses, pois me sentia mais seguro tendo ele ali ao meu lado (no banco do passageiro). Quando me senti pronto, não tinha mais o que temer. Ele me encorajou todos esses dias para que enfim eu tivesse total segurança em mim mesmo. A vida foi seguindo o fluxo normal, e fui alcançando e vivendo novos ares.

Passei a viver uma vida "desenfreada" (após o divórcio), frequentava inúmeras baladas, barzinhos, fazia viagens quase todo final de semana, consumia bebida alcoólica, e descansava pouco, dormia mal; me expus a perigos que poderiam botar tudo a perder, como de fato quase aconteceu. Foi um período do qual não me orgulho, porque exagerei. Poderia ter evitado um grande problema em minha vida. Além disso, eu já tinha recebido uma segunda chance, e não queria perdê-la por nada.

Sabe o que aconteceu? Quando eu achava que estava vivendo tranquilamente e que poderia fazer tudo o que quisesse sem medir as consequências desses excessos, sofri o meu primeiro episódio de convulsão. Tudo ocorreu depois de uma festa de peão em São José do Rio Preto, em 2015. Fui dormir tarde naquela noite de sábado, e todo domingo sempre me reunia com a família.

Quando acordei na manhã do domingo, fui buscar meus filhos na casa da mãe deles por volta das dez da manhã, e durante o tempo que esperei por eles tive a primeira convulsão dentro do carro, sozinho. Eu não sabia o que estava acontecendo, porque no estado convulsivo há perda de consciência. E tudo foi muito rápido, peguei meus filhos, na sequência fui dirigindo até o portão de saída do condomínio, mas não consegui sair, porque comecei a bater as rodas do carro na guia da calçada. Estava perdendo a direção, até que bati no portão. Perdi totalmente a noção naquela hora, já sofrendo uma nova convulsão. Nesse momento, meu irmão, que também estava indo para a chácara, passou em frente ao condomínio, e na mesma hora parou e me socorreu. Na sequência, ele me levou em seu carro, junto com os meus filhos, e, chegando à chácara, fui ao banheiro lavar o rosto para me recompor. Porém, no momento em que saí dele e vi a minha mãe e minha família toda, que já estava sabendo do ocorrido, comecei a chorar, pois ali eu soube que não estava legal.

Caí no chão e tive mais uma crise, entrando num estado de tremor incontrolável e totalmente espástico, ou seja, com os músculos extremamente enrijecidos. Nesse momento minha mãe correu para tentar me ajudar, e, no desespero, colocou o dedo na minha boca para puxar minha língua. Sem consciência, acabei ferindo-a. A força com que meu corpo se debatia era tamanha que naquele ato acabei quebrando seu dedo. Dali me levaram para o hospital, para uma avaliação, e depois, quando tomei consciência e já estava estabilizado, segui numa conversa com meu médico, que então me explicou: "Marcelo, com o acidente, sua cabeça ficou muito sensível. Você tem vários coágulos... Então, imagine um copo vazio que vai se enchendo de água; em algum momento ele vai transbordar. Assim como esse copo cheio, você transbordou. A sua cabeça fez mais coisas do que ela aguentava, então ela sofreu um extravasamento. Por isso, agora você tem que se cuidar mais". Naquele primeiro momento, ele me passou alguns medicamentos para controlar as convulsões, mas eles não estavam me fazendo muito bem, então tive vários episódios de convulsão até a dosagem ser ajustada. Mesmo assim, demorei para parar com aquela vida sem moderação; tomava a medicação e saía para festas, baladas e viagens. A rotina continuava a mesma. Sentia que, com os remédios, nada poderia me acontecer. Contudo, foi tanta exaustão física e psíquica que tive outros episódios de convulsão, os quais me deixaram bem fragilizado e com medo de que algo pior viesse a acontecer.

Tive que passar por mais essa prova para compreender que a forma como estava vivendo só me levaria para o buraco. Certa vez, em uma viagem a trabalho para Fortaleza, infelizmente sofri mais uma crise convulsiva, e precisei recorrer ao hospital de lá para ser medicado. Foi horrível vivenciar aquele momento, pois até então estava me sentindo bem, e monitorava os cuidados necessários, mas fui pego de surpresa, e a volta para casa foi tomada de novas precauções e cuidados. Desde então, procuro dormir mais, bebo de forma controlada, na maioria das vezes em alguma data especial, ocupo-me com coisas que vão trazer benefícios para a minha mente e para o meu corpo. Não quero mais sofrer episódios como aqueles, pois meus músculos ficavam enrijecidos e eu levava muitos dias para me recuperar por inteiro. Era uma regressão o que acontecia.

As convulsões ainda podem acontecer, por isso, este é um ponto de alerta que hoje falo para todas as pessoas: muitas vezes a gente acha que já está bem após passar por um grande trauma, em especial como no meu caso, um acidente que me condicionou a viver uma nova realidade. Acreditei que poderia fazer de tudo, porque já me sentia bem o suficiente, mas foi preciso compreender que sempre é melhor prezar a calma e a tranquilidade e controlar os excessos.

Um dos fantasmas que me perseguiam era o fato de pensar que a qualquer momento um novo problema iria surgir. Me vi vulnerável, sem crer; parecia que sempre algo novo iria me pegar de surpresa e me fazer voltar à estaca zero. Arrisco dizer que essas regressões quase acabaram comigo, talvez inclusive mais do que o próprio acidente. O meu emocional foi testado, minha fé, provada. Imagine quando você está em uma constante evolução e é tomado por novos recomeços, novos problemas, novas provações; é normal que comece a duvidar de que um dia as coisas vão melhorar, não é mesmo?

> "Não é a fraqueza física que limita uma pessoa, mas sim a fraqueza emocional."

Os primeiros anos pós-acidente me desafiaram ao extremo, e por muitas vezes sentia que estava tudo perdido, que eu não era digno de merecer o melhor, e lá vinha a minha família, meus amigos e meus filhos desconstruindo esses falsos pensamentos e me mostrando o quanto eu era vitorioso, forte, e que, sim, eu podia superar todos os obstáculos. A minha evolução psíquica e espiritual foi um encontro pessoal com Deus, e tenho dentro de mim que tudo foi se concretizando devido à minha entrega, por meio das minhas mais sinceras lágrimas e, é claro, das minhas orações. Muitas pessoas me incentivaram a estudar a Bíblia, pois isso iria estreitar ainda mais meu relacionamento com Deus. Comecei então a buscar a palavra todos os dias, e a cada nova folha uma descoberta era revelada. Eu sentia que muito do que está escrito era como se fosse para mim. No Salmo 126, versículo 5, diz assim:

> "Aqueles que semeiam com lágrimas,
> com cantos de alegria colherão."

Esse salmo sempre me fez lembrar que nada até aqui foi feito em vão, que tudo que busquei como pessoa, profissional, atleta, antes e depois do acidente, só me fez ter a certeza de que alguém lá em cima (no céu) via, vê e verá que tudo que plantei foi com muito esforço, dedicação e disciplina.

Os anos foram se passando, e eu ia me fortalecendo com tudo o que a minha nova vida me ensinava, cada passo dado com mais firmeza, graças aos tantos cuidados e tratamentos a que pude recorrer e que contribuíram para minha recuperação motora. Realizava hidroterapias em casa, fisioterapias, e contava com uma série de exercícios físicos.

Abdiquei de grande parte do meu tempo cuidando da minha saúde física ao longo da minha vida, e isso sempre me deu muito prazer. Desde muito cedo fui ligado ao esporte, desde assistir a um jogo na TV, como bom palmeirense que sou, até vivenciar provas bem desafiadoras de que tive a oportunidade de participar na juventude.

## Milhas e milhas

"Se você quiser correr, corra uma milha! Se quiser experimentar uma outra vida, corra uma maratona!" Conhecido como locomotiva humana, Emil Zatopek, da então Checoslováquia, conquistou a medalha de ouro nos 10 mil metros do atletismo com mais um recorde olímpico, em 20 de julho de 1952, nos Jogos de Helsinque, na Finlândia.

Iniciei esse tema tão importante e marcante na minha vida trazendo uma das frases mais marcantes no meu histórico de apaixonado pelo esporte. Esse atleta, que há setenta anos criou um legado, tem meu respeito e minha inteira admiração. Poderia citar outros tantos que fizeram história no esporte, a grande maioria homens e mulheres que desbravaram desafios complexos do corpo e da mente. O tema esporte sempre foi muito bem citado na minha casa, eu e meus irmãos vivemos grandes aventuras juntos, e acho que, por ser o mais velho dos três, eles tiveram alguém para incentivá-los desde muito cedo. De forma singela, pude vivenciar experiências que me colocaram em circunstâncias bem desafiadoras, e tive que me redescobrir e experimentar todos os meus limites. Acredito que o esporte seja isso, ele vem e nos tira da zona de conforto, nos colocando em uma posição de tudo ou nada: ou você se doa ao máximo, ou você não suporta. O mais curioso é que a expectativa de vencer vira algo vicioso, pois você quer mostrar para si mesmo que pode ir além do que imagina suportar.

Desde criança gostei muito de ser competitivo, e adorava participar dos campeonatos da escola, mas foi aos 20 anos que tudo foi tomando um contexto mais concreto. Sempre busquei ter qualidade de vida, colocar a saúde em primeiro lugar. Cuidava muito da alimentação e também do corpo. As primeiras paixões começaram com bike, corrida e natação, mas ainda era tudo muito na brincadeira. Queria algo mais radical, que me desafiasse, então veio a primeira prova de aventura, o Ecomotion (uma prova de 24 horas em interação total do atleta com a natureza; por conta disso, é uma das práticas esportivas que mais crescem na atualidade. O objetivo da corrida de aventura é sair de um ponto e chegar a outro. É um misto de expedição e competição. Alternando diversas modalidades como trekking, mountain bike e canoagem, as equipes têm que passar por postos de controle [PCs] determinados pela organização, orientando-se com mapa e bússola; além disso, precisam levar alimentos e todos os EPIs necessários). Adivinhem só quem encarou essa aventura comigo? Sim, meus irmãos e meu amigo Mauricio. Foi um marco na nossa história, e podemos dizer que foi um momento não só de testarmos nossos limites, mas também de criarmos lembranças que puderam fortalecer ainda mais nossos laços. Por certo período, confesso que sentimos que não iríamos conseguir chegar ao final da prova, mas um foi dando forças ao outro, e saímos de lá com uma experiência enriquecedora.

Passados alguns anos, quis participar da meia maratona do Rio de Janeiro. Foi muito emocionante, pois, além de toda a beleza natural que a cidade carrega, aquela energia boa era algo que exalava no ar. Estar ali e competir com milhares de pessoas, poder ser aplaudido por aqueles que foram apenas para assistir, teve um efeito surreal. Eu gostei tanto que voltei lá mais umas dez vezes para correr. Tenho um carinho bem significativo pelo Rio, em todas as oportunidades que tenho viajo para lá. Sinto que é uma cidade leve, e sempre muito encantadora pelas imensas maravilhas que ela tem.

Outro sonho que almejei desde muito cedo era realizar uma maratona fora do país. Pesquisei junto com alguns amigos e chegamos ao destino certo, Chicago. Porém, antes do tão esperado dia, passamos por uma preparação muito dura: foram seis meses treinando diariamente, mantendo uma alimentação balanceada e cumprindo uma rotina de horários bem rígidos. Eu mal saía naquela época. Tinha que dormir cedo e acordar mais cedo ainda. Durante a semana, corríamos 50 km, e aos sábados, 30 km de manhã. Tudo isso nos capacitou então para estarmos preparados para o desafio que nos esperava.

Chicago é um dos lugares mais lindos que pude conhecer. A temperatura de lá é bem favorável e agradável em grande parte do ano para esse tipo de esporte. Estávamos aguardando uns 15ºC, mas fomos pegos de surpresa, e o destino nos pregou uma peça: estávamos em um grupo de oito amigos, e a temperatura estava em 35ºC. Aquele calor era tão forte que a sensação térmica no final da prova passava dos quarenta graus. Policiais e médicos estavam de aviso, e muitas pessoas precisaram ser encaminhadas para o pronto-socorro – duas não aguentaram e vieram a falecer. Foram quatro longas horas de um calor insuportável, mas, graças a Deus, eu e os meus amigos não tivemos nenhum problema. Quando a prova terminou, estávamos exaustos e só queríamos ir direto para o hotel.

Chegando lá, só pensávamos em um bom banho gelado, tanto para nos refrescar como para reduzir todas as chances de inflamação e acelerar a recuperação do corpo. Logo após o banho, a fome foi outro fator que "gritava" dentro de nós, e fomos à procura de um restaurante. Então encontramos uma bela churrascaria brasileira, onde saciamos nossa vontade de comer. Posso dizer que foi a realização de mais um sonho. Ainda que com todo o desconforto, pude provar mais uma vez meus limites e ver que era capaz de superar algo que parecia ser mais forte que eu. Voltamos para casa com uma bagagem bem significativa de lembranças. Saímos com uma expectativa e voltamos com uma realização gigantesca. Mas confesso que não me arriscaria novamente a fazer outra maratona como essa.

Hoje, devido a todas as circunstâncias ao longo desses catorze anos pós-acidente, restam essas lembranças afetivas que me permitiram ter vivido momentos únicos. Sou muito grato e feliz por essas oportunidades, mas infelizmente não consigo mais fazer alguns esportes. Porém, a minha rotina de condicionamento físico é tão forte e disciplinada quanto antes; treinar e ter dedicação são os pontos principais quando queremos chegar a um objetivo. Não foi e não é fácil, pois às vezes o cansaço e o desânimo falam mais alto e pensamos em desistir. Porém, se tivermos foco, nada pode nos abalar. Pensando nessas três experiências que eu trouxe para você, qual a moral dessas histórias? Espero ter apresentado um pouquinho de algo que sempre foi muito importante para mim. E gostaria de fazer uma reflexão. Como anda sua saúde física? Será que daqui a dez anos você vai se orgulhar pelo que fez por você?

Precisei encontrar outros esportes e exercícios que seriam viáveis na minha condição física. Poderia muito bem ter me entregado às dores e ao desânimo, mas para mim sempre foi um ponto inadmissível ficar no poço. Sei que às vezes precisamos de um empurrãozinho, e que estar com alguém que nos encoraje é mais fácil. Claro, contei com o apoio de muitas pessoas, inclusive dela, aquela que me fez conhecer melhor o Pilates e seus benefícios para a saúde do corpo, mas também foi por meio das nossas aulas que pude observar o quanto ela era especial.

## O amor me resgatou

Passados seis anos do meu acidente e logo depois de toda a situação vivida com maus hábitos, que infelizmente causaram as convulsões, finalmente me conscientizei de que tudo aquilo era um sentimento de ausência, ausência essa que por muito tempo eu não sabia descrever o que era. Algumas pessoas falavam que eu precisava de uma nova companheira, uma pessoa para partilhar a vida, e que isso preencheria todo aquele espaço que estava faltando. Foi assim, com esse pensamento, que comecei a observar as pessoas à minha volta, uma mulher que de fato se parecesse comigo e que, juntos, pudéssemos fazer um ao outro feliz.

A Josi costuma dizer que fui o único aluno dela que se lembra exatamente do primeiro dia de aula. Fisioterapeuta e instrutora de Pilates, ela começou a me dar aula entre 2011 e 2012, e tinha um carinho e uma atenção sobrenatural comigo. Fiquei encantado assim que a conheci, pois tudo nela me chamava a atenção, desde sua beleza até sua educação e gentileza.

Não demorou muito para que virássemos alvo de fofocas na academia, antes mesmo que tivéssemos nos envolvido de fato. Lembro que ela ficou bastante irritada com essa história toda na época, afinal, além de ser extremamente discreta e reservada, era instrutora de Pilates de toda a minha família naquele tempo. A última coisa que ela queria era se envolver em confusão ou ser exposta. Mas, na realidade, eu não estava preocupado com isso, pois era uma pessoa solteira e desimpedida, e ela também. Por isso fui perseverante, tentando mostrar a ela o quanto estava interessado em poder conhecê-la melhor.

Depois desse primeiro encontro, saímos algumas vezes e fui percebendo que com ela existia um Marcelo jamais visto. Eu não precisava provar nada a ninguém, ela me amou com tudo aquilo que eu carregava, com minhas cicatrizes, anseios e fragilidades. Ela se tornou meu porto seguro. Eu simplesmente podia ser eu mesmo, sem ter que me colocar diante das pessoas numa posição de homem forte a todo momento.

A simplicidade e a doçura da minha namorada, hoje esposa, foram me mostrando o que verdadeiramente importava: fé, companheirismo, cumplicidade e perseverança. Levou um bom tempo para que ela acreditasse que eu realmente havia me apaixonado por tudo que ela é, pelos seus valores e caráter, então, quando a pedi em namoro e começamos uma vida juntos, senti de verdade que tinha feito a escolha certa.

A presença da Josi na minha vida é algo realmente divino, pois ela me ajuda a ser uma pessoa melhor todos os dias, a ver que eu posso ser a cada dia mais um instrumento na vida de outras pessoas. Temos uma intimidade muito grande com Deus, oramos todos os dias antes de dormir, e ela sempre me faz estar mais perto d'Ele.

> "Meu olhar para ele é diferente. Para mim, ele consegue tudo. Eu não vejo deficiência, e sempre o enxerguei dessa forma. Para mim, ele é perfeito. Hoje eu conheço um Marcelo que ninguém conhece. Muito simples e solidário, ele é um homem que faz." (Josi)

Com a Josi eu me sinto vivo, ela tem um jeito leve de ver as coisas. Mulher de sorriso fácil, forte e muito amorosa, sempre muito parceira, topa todas as minhas aventuras. Somos muito amigos, e ao longo dos anos temos feito diversas viagens juntos ao redor do mundo. São momentos incríveis, só nós dois, e minhas limitações físicas não impedem que vivamos grandes aventuras, que, aliás, é o nosso lema de casal: "Se não for ter aventura, nem chama".

Certa vez, num dos poucos momentos de insegurança que tive, perguntei para ela: "Você não gostaria de ter alguém que não tivesse problema?". E a resposta veio sem pestanejar: "Não podemos viver do passado, Marcelo. Temos que viver do futuro, e estou aqui porque eu quero, não por uma obrigação". Depois disso, nunca mais duvidei de que ela estava destinada a ser minha companheira para a vida.

# IV

# IV
# FACCHINI: COMO TUDO COMEÇOU

Comecei a trabalhar com dezessete anos, contando parafusos e porcas no almoxarifado da empresa, e quando fiz dezoito anos tive duas opções: partir para São Paulo para fazer uma faculdade na capital, investindo em educação, e poder ganhar um pouco mais de liberdade e novas experiências, ou ficar em São José do Rio Preto para continuar trabalhando durante o dia e seguir estudando no período noturno. Resolvi ficar, e nunca me arrependi por isso, pois tudo o que eu aprendia à noite aplicava no dia seguinte no meu trabalho. Além disso, pude aprender mais na prática na empresa do que na teoria da faculdade, afinal de contas, eu ficava muito na sala do meu pai, conversando e aprendendo diretamente com ele. Tanto que muito do que sou hoje devo a ele, que foi o meu maior professor, amigo e incentivador, tendo somado muito mais do que minha própria graduação.

Quando estava para completar 19 anos, passei a ser comprador na empresa; no início comprava itens simples, como acessórios para compor a carroceria e materiais de escritório. Naquela época, havia o gerente de compras Wanderlei, um profissional muito experiente, de confiança e por quem meu pai tinha grande estima. Wanderlei viajou durante umas férias de final de ano e infelizmente nunca mais voltou. Ele faleceu, vítima de afogamento em Bertioga, praia do litoral norte de São Paulo.

Minha família e eu também estávamos viajando de férias, e quando soubemos da notícia foi um choque. Ficamos arrasados com a morte dele, foi uma perda muito grande. Meu pai ficou sem chão, sem saber o que fazer. Ele não tinha em mente quem colocar naquela função, e foi então que me deu meu primeiro desafio de gestão e me confiou o Departamento de Compras. No meu entender, Compras é um dos setores mais importantes de uma empresa, pois os profissionais desse departamento são a peça-chave para o abastecimento de todos os setores da empresa, em todos os seus aspectos. O comprador, por sua vez, é responsável por estabelecer critérios, como buscar os melhores preços, demandas, qualidade do serviço, prazos, formas de pagamento, dentre outros detalhes importantes.

Naquele momento eu tinha pouco conhecimento na área de tributos, era tudo bem complexo, e sabemos que hoje está ainda mais difícil. Não tinha ainda muita noção da necessidade de materiais e da qualidade, além das especificações técnicas. Então foi um momento bem difícil, no qual tive que me superar e trabalhar muito mais, indo para a empresa aos sábados e domingos para entender um pouco mais sobre as peças e qualidade, variedades de produtos, além da parte tributária – ICMS, IPI, entre outros –, que era o maior desafio vivido naquela época. Assumi a área sem estar pronto para aquilo, mas, com muito esforço e dedicação, fui aprendendo na prática, no dia a dia, errando e me descobrindo.

Primeira oficina da Facchini em Votuporanga-SP, 1952.

De lá para cá, já são trinta anos dedicados à empresa, que teve origem cerca de setenta anos atrás. A Facchini, inicialmente, era uma oficina. Foi fundada na década de 1950 pelo meu avô Euclides Facchini, que chegou a Votuporanga, na década de 1940, com vinte anos, esperança e fé no futuro de uma nova cidade. Atraído por um convite de emprego, ele trabalhou lá por um ano e meio até encontrar oportunidade melhor na cidade, onde o comércio e o desenvolvimento davam os primeiros passos. A EFA (Estrada de Ferro Araraquara) o admitiu como servente, cargo em que permaneceu por apenas uma semana. Seu perfil de liderança o levou ao cargo de chefe na seção de carpintaria da ferrovia, que desbravava o Oeste. Após quatro anos na EFA, saiu para abrir seu próprio negócio: uma oficina de carpintaria.

A Fábrica de Carrocerias Facchini começou consertando e fabricando carriolas e carrinhos de tração animal, além de um e outro serviço em madeira. Pouco tempo depois de iniciar a fabricação das primeiras carrocerias de caminhão, a indústria ultrapassou as fronteiras da cidade de Votuporanga, e as carrocerias passaram a ser referência em vários estados brasileiros.

Meu avô conduziu a fábrica pelas duas décadas seguintes, até que meu pai completou dezessete anos e, como filho mais velho, tomou como responsabilidade os negócios junto com o pai. Na época, a empresa era voltada para a fabricação de carrocerias feitas 100% de madeira, matéria-prima que vinha do Paraná. Todos os fabricantes de carrocerias compravam madeira de lá na época, porque realmente era a melhor do mercado. Mas todos pagavam o mesmo preço, que era consideravelmente alto – e o frete era mais alto ainda. Como meu pai e meu avô almejavam algo melhor e maior, e tinham o desejo de montar uma serraria fora do estado, mais precisamente no Norte ou Nordeste brasileiro, foram atrás de oportunidades, arriscando-se para oferecer ao cliente um produto de alta qualidade e com melhor preço.

Assim, foram para Marabá, no Pará, mas não encontraram muita coisa. Mesmo parecendo impossível, eles tinham bastante confiança, e continuaram a procurar. A região era muito precária e perigosa. Inclusive meu pai nos conta que, em uma dessas "andanças", eles quase caíram do avião duas vezes, sobrevoando em baixa altitude as fazendas, para encontrar as melhores toras (madeiras). Eis que chegaram a Imperatriz, no Maranhão, onde havia as melhores madeiras da região. E foi assim que a Facchini montou sua própria serraria, no Maranhão.

Serraria no Maranhão, 1974.

Naquela época, a madeira chegava a Votuporanga custando muito menos que a do Paraná. As fazendas eram abertas para plantio e gado, e nosso único custo era o transporte para retirar e levar as madeiras até a serraria. Esse foi um dos grandes investimentos feitos à época, pois conseguiu verticalizar e expandir inúmeras possibilidades, trazendo a melhor matéria-prima até a fábrica em Votuporanga. Meu pai sempre pensou no que poderia agregar para os negócios, nunca teve medo, pelo contrário, sempre foi muito otimista, então teve a ideia de visitar a Mercedes-Benz. Ficou impressionado com o volume de caminhões que saía da fábrica, era mais do que a produção de um ano da Facchini. Voltando para casa, chamou meu avô e contou sobre tudo que havia visto, dizendo: "Pai, precisamos construir uma fábrica nova, pois pelo que vi na Mercedes, temos muito a fazer".

Hoje estamos produzindo praticamente todas as peças dos produtos em "casa" e continuamos investindo para melhorar os processos de produção, assegurando a qualidade dos produtos Facchini para melhor atender nossos clientes, fidelizando cada vez mais nossos laços, pois entregamos de acordo com cada projeto necessidade.

Essa vantagem nos custos permitiu que o meu pai realizasse uma melhor gestão de preços, aumentasse a capacidade de produção na nova fábrica de carrocerias de madeira, expandisse mais o negócio e começasse a vender para o Brasil inteiro. O que mais se ouvia dos concorrentes nesse começo de expansão é que éramos loucos, que aquilo que fazíamos era arriscado demais e que a probabilidade de a empresa falir era gigantesca, porque barateávamos os preços. Taxavam de negócio impossível o que estávamos fazendo. Mas a resposta do meu pai para a concorrência era categórica: "Vocês ainda vão ouvir falar de mim".

Após seis anos dedicados à serraria, meu avô sofreu um grave acidente durante o trabalho: uma das toras se desprendeu, atingindo seu corpo e ocasionando fraturas no quadril, o que afetou também suas pernas. Na época, ele optou por voltar para Votuporanga em busca de melhores recursos.

Durante esse tempo meu pai decidiu que o melhor seria nos mudarmos para Imperatriz, então lá fomos nós, meus pais, meu irmão Rodrigo e eu. Ficamos no Maranhão por um período de aproximadamente quatro meses, morando no fundo da serraria, onde havia apenas um quarto grande e um banheiro. Dormíamos todos juntos, era tudo muito simples, mas foi uma lembrança muito rica que nossos pais nos proporcionaram nessa época, pois ali tinha muito afeto e nos sentíamos bem aconchegados. Lembro que ao lado havia uma mata onde eu e meu irmão passávamos praticamente o dia todo brincando, e posso dizer que toda aquela experiência era mais interessante do que muitos parques de diversão que existem por aí... O contato com a natureza, com a terra, subir em árvores, comer fruta do pé, foi algo incrível que vivemos quando crianças.

Minha mãe relata que foi um período bem desafiador, em que meu pai trabalhou duro cuidando da serraria para suprir aquela ausência do meu avô, que se encontrava em recuperação em Votuporanga, mas eu e meu irmão nos divertíamos muito, inclusive minha mãe conta que no dia em que viemos embora estávamos bem "encardidinhos" e tivemos que tomar banho no tanque para tentar tirar um pouco da sujeira impregnada em nós.

Naquela época, todas as carrocerias eram confeccionadas em madeira, porém, com o decorrer dos anos, fomos aprimorando nossos processos e optamos por matérias-primas mais resistentes – aço e alumínio –, além de mais práticas e sustentáveis. Desde então não utilizamos mais madeira, que praticamente acabou no Brasil e no mundo para esse tipo de fabricação. A Facchini cresceu ao longo dos anos, e é como se um filme passasse na minha mente quando me lembro dessas histórias. Eu poderia ficar por longos capítulos relatando outras inúmeras experiências. A Facchini, depois de meio século, se tornou líder no segmento em todo o território nacional e alcançou o patamar de empresa de destaque no ramo de implementos rodoviários no mundo, segundo dados da GLOBAL OEM RANKING LIST que a colocaram como a oitava maior do mundo em 2022.

Sempre falo que, além de Facchini no nome, tenho a Facchini no coração, pois tenho dedicado, durante toda a minha vida, meu amor e trabalho à empresa. Ao longo dos anos, fui assumindo diversas áreas, tendo me tornado gestor de setores que me surpreenderam e me fizeram uma pessoa e um profissional realizado. Sempre busquei interagir com os colaboradores, tinha sede de conhecimento, fazia questão de ir ao chão de fábrica, saber dos processos, das dificuldades, compartilhar as minhas ideias, ouvir sugestões e melhorias, com o intuito de partilharmos pontos em comum para o crescimento da empresa. Logo que voltei à rotina, após o acidente, assumi a coordenação de mais uma área e passei a me dedicar muito mais à Facchini. Aquilo foi um presente que eu não estava esperando e que me proporcionou um ânimo sem igual.

Fui conquistando cada uma das áreas como fruto do meu esforço, colocando a minha gestão em prática, exercendo com propósito, respeito e muita dedicação. Hoje temos cerca de 6.500 colaboradores em todo o Brasil, e toda essa responsabilidade só me fez crescer ainda mais.

Acredito que voltar a trabalhar com total dedicação e me envolver cada vez mais com todos os assuntos da empresa, inclusive recrutando novas pessoas para somar ao time, devolveu um sentido de normalidade à minha vida, que eu necessitava muito. Senti que minha família e a empresa precisavam muito de mim.

## Mais que um pai, um líder extraordinário

Rubens Facchini, carinhosamente chamado por muitos de "Rubão". Esse é meu pai, homem com quem tenho muito orgulho de partilhar a vida, pessoa que trouxe para a família e para a empresa um legado de valores e princípios. Carregado de sonhos, nunca deixou que ninguém lhe tirasse a esperança de sempre conquistar o melhor, desbravou e acreditou que os negócios seriam prósperos, e continua acreditando e concretizando muitas obras. Apaixonado por inovação, meu pai sempre foi uma pessoa além do seu tempo, curioso e articulado. Respira imediatismo e tecnologia, e tem um foco admirável em organização. Tudo que sou até aqui foi ele quem me ensinou e me guiou.

No dia do meu acidente, ele também estava a caminho de Votuporanga, porém estávamos cada um em um carro e com certa diferença de tempo. Ele me contou tempos depois que, quando avistou de longe meu carro em pedaços e ainda algumas pessoas na rodovia, não acreditou que aquilo estava acontecendo. Um dos rapazes disse a ele que os bombeiros tinham me levado para o hospital, e que eu estava vivo, mas ele perdeu o ar e por um segundo não sentiu seu coração pulsar. No dia em que partilhou isso comigo, choramos muito. Ele ainda me disse que, quando foi retomando o sentindo e parou para confirmar o que havia acontecido, dentro dele algo lhe dizia que tudo ficaria bem, e que eu ficaria vivo. Veio a sua memória a primeira vez em que estive em seus braços, ainda bebê. Fui o primeiro a chamá-lo de pai, o primeiro a mudar toda a rotina da casa e do casamento. Ele sempre se preocupou em construir um bom caminho para nós, sempre foi otimista e perseverante, fez da empresa sua e nossa casa. Desde muito criança nos levava para a fábrica, para brincar e ter gosto de estar com ele na empresa.

Acredito que as sementes que ele plantou ao longo desses anos têm dado os frutos que ele sonhou. Seus netos, filhos, esposa e irmão estão com ele dentro desse barco enorme chamado Facchini. Tenho muita sorte de ser seu filho, seu amigo e seu aluno, e o senhor é um avô fantástico. Eu te amo, obrigado por tudo e por tanto, e que possamos continuar partilhando muitas conquistas. Que a sua alegria seja a nossa, e que todas as gerações que vierem tenham o senhor como referência.

> "O sucesso nasce do querer, da determinação e persistência em chegar a um objetivo. Mesmo não atingindo o alvo, quem busca e vence obstáculos no mínimo fará coisas admiráveis."
> (José de Alencar)

## Como as aves, as pessoas são diferentes em seus voos, mas iguais no direito de voar

Tudo por que passei, tudo que eu tenho hoje, me faz ver a vida através de lentes diferentes, e isso me abre para novas possibilidades e oportunidades que não existiam antes do acidente. Logo no começo, quando tudo aconteceu e eu ainda estava em casa, sem poder andar nem sair, tinha muito medo da rejeição, da forma como as pessoas iriam me julgar. Eu tinha um medo terrível de imaginar como as pessoas veriam a maneira como eu estava, e como seria a parte de acessibilidade aos lugares. Minha cabeça ficava cheia de pontos de interrogação. Essa era uma questão que me deixava muito tenso e apreensivo. Tanto que evitava ao máximo sair de casa, mas, quando tomei coragem, e tive o apoio da minha família, que sempre me tranquilizava, percebi que tudo isso era fruto de um pessimismo errôneo, pois as pessoas não me julgaram. Aquele preconceito que eu imaginava existir era mais meu, até então, do que do outro. Os lugares que eu comecei a frequentar apresentavam segurança e certa acessibilidade. Claro, vez ou outra ainda me deparo com alguns que não estão totalmente de acordo com as normas, talvez pelo fato de a estrutura ser mais antiga, ou por não avaliarem como necessário. O Brasil é um dos países que mais deveriam investir nisso. Tenho a percepção de que a acessibilidade segue bem em alguns estados e países, mas há muito a ser feito. Confesso que me chateia quando algum "engraçadinho" utiliza a vaga de deficiente, ou a de idosos, com a pretensão de se beneficiar de um possível lugar melhor. Esse é um pensamento pequeno e ato desumano, pois mal sabe o quanto foi árduo o processo para se conseguir alcançar esses direitos; mas cada um tem sua consciência, e eu espero e luto para que um dia todos possam ter mais empatia.

Graças a Deus não tive a experiência de passar pelo aterrorizante bullying, fantasma que assola tantas pessoas, principalmente as mais vulneráveis, e ato de violência emocional que vem se agravando cada dia mais. O Brasil é um dos países que apresentam os maiores índices de mortes diariamente. Com o intuito de se livrar da dor do preconceito, pessoas vítimas de bullying praticam suicídio, ato que vem crescendo de maneira absurda. Infelizmente é difícil de ser controlado. Das experiências vividas até aqui, posso dizer que grande parte das pessoas se coloca à disposição para me auxiliar. Elas apresentam boa vontade, algumas não conseguem, pois é mais uma questão de jeito, e não de força. Tem que ter certo manejo, pois até os mais fortes passam alguns apuros (risos). Consigo fazer tudo que você faz, consigo colocar roupas, calçar sapatos, me barbear; sim, faço de uma forma mais lenta e ponderada, pois o corpo não responde como antes. Minha cabeça é mais rápida que as minhas ações. Dessa forma, conto com a ajuda de algumas pessoas próximas para executar as tarefas de maneira mais rápida; já tive auxílio de algumas pessoas que eu não conhecia e que me apoiaram quando necessário.

De toda forma, percebo que ainda existe um tabu muito forte em relação a toda essa questão discriminatória. A própria família, por vezes, tende a proteger demais seus entes que têm algum tipo de deficiência, acreditando que o estão protegendo do mundo externo. Eles ficam "trancafiados" em casa, sentindo-se como um passarinho na gaiola, sem poder desbravar o mundo com suas asas. Sei que o intuito é tentar blindar qualquer rejeição. Mas como saber sem ao menos tentar? Estar em contato com a sociedade, viver dentro de um ambiente escolar, ou até mesmo no mercado de trabalho (para aqueles que têm condições e ferramentas que possam assegurar sua inclusão de forma precisa e ética), traz ótimos benefícios. Um exemplo são as próprias cotas de PCDs (pessoas com deficiência) que grande parte das empresas no Brasil precisa cumprir. Muitas delas não conseguem contratar em razão desse contexto problemático, pois, além do cuidado excessivo de alguns familiares, também existe certa limitação interna que acaba impossibilitando a condição de sentir-se capacitado. Penso que aquele que se dedica e enfrenta seus medos pode alcançar e trabalhar da mesma forma que qualquer outra pessoa. Todos nós somos iguais, temos o direito de poder exercer qualquer atividade ou desafio.

Quando me separei, fiquei um bom tempo sem me relacionar com ninguém, e nessa fase tive muito receio de que as mulheres não me aceitassem. Como seria? O que elas poderiam pensar? Qual a reação delas na paquera? Quais perguntas surgiriam? Como naquela época eu ia com muita frequência a São Paulo fazer fisioterapia, acabava aproveitando para curtir um pouquinho à noite. Gostava de frequentar alguns restaurantes, e, como filho de descendente de turca e italiano, sempre apreciei uma boa culinária. Algumas vezes o programa mudava e íamos a festas, baladas e barzinhos, e eu gostava de aproveitar a oportunidade de já estar ali e rever os amigos, conhecer novos lugares e pessoas. Quando era correspondido por alguma mulher, me sentia com meus 18 anos, era engraçado, parecia que eu estava vivendo aquela sensação novamente. Eu não era visto como uma pessoa com limitações, mas como um homem como qualquer outro.

Obviamente que o aspecto físico pode trazer certa estranheza a algumas pessoas; alguns podem encarar isso como empecilho. Mas não significa que todos são iguais. Pensamento e atração são coisas bem particulares; uma boa conversa, um papo bacana, podem ser o primeiro passo para o começo. Claro que não quer dizer também que isso vai desencadear um romance – talvez se crie apenas uma amizade. Sempre gostei de estar em contato com pessoas e conhecer aquilo que pode trazer novas vivências.

## O nosso lado social

Acredito que, com o passar dos anos, algumas empresas têm destinado parte da sua atuação ao bem-estar geral da sociedade, promovendo ou colaborando de alguma forma na melhoria da qualidade de vida de muitas pessoas em estado vulnerável. Nós da Facchini sempre tivemos essa preocupação de prestar assistência a instituições e entidades, e, quando sofri o acidente e entendi o que era a realidade dessas pessoas, a vontade de ajudar cresceu ainda mais dentro de mim.

Costumo dizer que na minha vida tudo foi acontecendo ao mesmo tempo: ao mesmo tempo que renasci, entendo que foi ali que me reconectei com minha espiritualidade e comecei a entender que ainda havia um plano muito maior para a minha vida. Assim que voltei para casa, ainda não conformado com o estado em que havia ficado, passei meses lutando para reconhecer que, na verdade, Deus havia me deixado entrar naquele carro não para morrer, mas para renascer muito melhor e mais forte, a fim de cumprir um propósito maior do que tudo que eu já tinha realizado.

A vontade de ajudar quem mais precisa nos hospitais veio numa curiosa inquietação que eu sentia naquela nova realidade, afinal, era um ambiente no qual passei muitos e muitos meses da minha vida. Seria impossível ignorar as necessidades que as unidades hospitalares enfrentavam, com todo o seu corpo clínico lutando diariamente para salvar vidas.

Viver a experiência na pele, me tornar um paciente gravíssimo, me fez ter certeza de que fui salvo primeiramente por um milagre, e depois pela habilidade dos médicos e de todos os envolvidos nos meus primeiros socorros hospitalares. Desse dia em diante, nunca mais fui o mesmo Marcelo.

Assim que foi possível, fui em busca de informações sobre como poderia apoiar os hospitais que havia conhecido. Passei a visitar o Hospital de Câncer de Barretos, queria estar mais perto para poder ajudar naquilo que fosse necessário, pois é uma obra que alcança muitas pessoas, com um tratamento 100% humanizado. Não é por acaso que carinhosamente foi dado a ele o nome de Hospital de Amor. Pude conhecer várias áreas, e em cada leito que entrava via uma realidade diferente, uma história, um contexto. Fiquei extremamente impactado com a forma como a equipe cuidava daqueles pacientes, e com o carinho e o amor que davam a eles. A ala hospitalar que mais me deixou emocionado foi a infantil: havia crianças de todas as idades, de várias regiões, umas já operadas, outras em tratamento de químio ou radioterapia. Elas me receberam com muita alegria, e tive que conter minha vontade de chorar, pois eram muito frágeis e inocentes... Mas também me mostraram o quanto eram fortes. As mães e os familiares que as acompanhavam eram esperançosos de que tudo ficaria bem. Tive uma sensação ímpar; jamais vou me esquecer daquele momento, que abasteceu meu coração de sentimentos bons e me deu mais vontade de fazer algo por aquele hospital.

Minha realidade antes não era tão próxima desses assuntos sociais. Devido às inúmeras atividades e à agenda cheia, eu focava em outras coisas e não me envolvia muito no que a empresa desenvolvia nas questões de assistência. Minhas preocupações giravam em torno de muito trabalho, família, esporte e viagens. Mas, surpreendentemente, naquele novo normal pós-acidente, um dos momentos em que mais me senti vivo e plenamente realizado foi quando comecei a buscar formas de ajudar as pessoas que mais precisavam.

Então, ano após ano, ajudamos hospitais com doações por meio da Facchini – e alguns de forma particular. Pude aprender a fazer muitas coisas novas no assistencialismo social, e até entramos em um projeto de shows beneficentes para o Hospital de Câncer de Barretos. Sempre organizamos tudo nos mínimos detalhes, e tivemos um retorno impressionante. Apesar de nunca ter feito nada parecido, me surpreendi; foi um sucesso de parar São José do Rio Preto e região. Os cantores que fizeram parte desse sonho até aqui foram Vitor & Léo, Fernando & Sorocaba e Wesley Safadão, que, além de carregarem um talento admirável, são pessoas incríveis. Posso dizer que foi tão forte nossa ligação que nos tornamos amigos. A sensação de doar meu tempo me envolvendo nesses eventos foi muito maior do que a de doar algo que envolvesse dinheiro. É prático você fazer uma transferência bancária; agora, cuidar de detalhes de um projeto é bem trabalhoso, exige realmente muito amor e entrega.

No ano de 2022, tive a feliz surpresa e o privilégio de ser contemplado com uma linda homenagem do Hospital de Base de São José do Rio Preto, o mesmo que me socorreu no dia do acidente. Eles me convidaram para ser embaixador do Hospital da Criança, acredito que num ato de gratidão por tantos anos de parceria e apoio. Fiquei extremamente lisonjeado, pois me escolheram em meio a tantas outras pessoas que também colaboram. O complexo Funfarme é composto pelo que há de mais moderno no mundo: o HCM, o Hospital de Base de Rio Preto, o Ambulatório de Especialidades, o Instituto do Câncer, o Hemocentro de Rio Preto e a Unidade do Instituto de Reabilitação Lucy Montoro. Eles são a união de grandes áreas da medicina, e atendem pessoas de todo o Brasil, de Norte a Sul, oferecendo sempre os melhores tratamentos e cuidados.

Acompanhamos de perto todos os projetos em que entramos, pois tenho o prazer de ver como está cada um deles. O HB, ao longo desses anos, vem evoluindo constantemente. O último investimento foi nada mais nada menos que uma plataforma robótica que conta com um robô cirúrgico. O HB é um dos hospitais pioneiros no Brasil no que tange a cirurgias de alta complexidade, sendo referência no SUS.

A UTI pediátrica/cárdio foi mais um projeto que a Facchini teve o privilégio de apoiar, e fui conhecer pessoalmente, pois a última vez que estive em uma UTI pediátrica foi quando meus filhos nasceram – e infelizmente podíamos ficar apenas uma hora por dia com eles. Agora, porém, depois de anos, com a nova realidade, em que os pais podem ficar mais tempo com os filhos no colo, oferecendo amor, cuidado e carinho, tenho a certeza de que a probabilidade de uma recuperação mais rápida é bem maior. Somos parceiros do Hospital de Base há longos anos, confiamos de olhos fechados no trabalho deles, pois sempre visam à qualidade de vida, prezam pelo bem-estar do outro, e temos muito respeito e admiração pela entrega, pois apreciamos causas que valorizam a vida. Pude viver experiências bem significativas dentro do HB que provaram o quanto eles dão valor à vida. Cheguei praticamente morto no dia do meu acidente, e os médicos, junto de toda a equipe, não mediram esforços para que eu ficasse bem. Claro que tudo isso teve muito a mão de Deus os orientando para que tomassem as melhores decisões, e sou muito grato a eles por terem feito de tudo para minha recuperação.

Mais uma instituição que não poderia deixar de mencionar é o Hospital Pequeno Príncipe, de Curitiba, referência em procedimentos de alta e média complexidade, como transplante de órgãos e de medula óssea que beneficiam meninas e meninos de todo o país. Eles carregam como valor o papel de proteger as vidas das crianças e adolescentes assistidos por eles, e o hospital existe há mais de cem anos. Quando fui conhecer o Hospital Pequeno Príncipe, não sabia o que me aguardava, e posso dizer que foi algo mágico, tão emocionante, que me tocou muito.

Nos anos de 2020 a 2022, fomos pegos de surpresa por um vírus invisível, que tirou muitas vidas. O novo coronavírus veio como uma onda mortífera, colocando à prova todos os profissionais da área da saúde. Foi um caos total. O medo de ser infectado era pauta em todos os lugares, não sabíamos o que fazer, para onde ir, quanto tempo aquilo iria durar, e vivemos um cenário aterrorizante. Ajudamos a criar um hospital de campanha na cidade de Votuporanga em três meses; juntamente com outros parceiros e com a prefeitura da cidade, conseguimos fazer algumas doações e ajudar a montar o espaço, com 25 leitos. Auxiliamos em outras frentes também, e tudo foi feito com muito carinho e solidariedade. Tentamos todos os recursos possíveis para ajudar, e o que ficou de ensinamento foi a importância de poder ser, de alguma forma, instrumento na vida de alguém. Como não podíamos nos tocar, abraçar, visitar, essa foi a maneira que encontramos para poder alcançar tantas pessoas que precisavam.

Imagino que você tenha alguma lembrança trágica desse período, e que talvez tenha perdido pessoas próximas, ou tenha vivido na própria pele a Covid-19. Alguns, por sua vez, até tiraram a própria vida. Sabemos que não foi uma fase fácil e que deixou muitas marcas. Fazendo, então, uma reflexão sobre isso, o que você acha que mudou na sua vida? Você conseguiu se livrar desse trauma? Foi irrelevante e já não pensa mais a respeito? Vejo que, infelizmente, algumas pessoas já se esqueceram, e outras ainda sofrem, mas acredito que foi um período para que pudéssemos aprender muitas coisas, como valorizar o simples, agradecer mais, cuidar das pessoas que amamos e saber que o amanhã é incerto, que daqui não levamos nada, e não deixar passar as oportunidades de dizer que amamos; dizer que sentimos muito ou nos desculpar não é um ato de fraqueza, mas sim o reconhecimento verdadeiro daquilo que sentimos pelos nossos.

# V

# FÉ

Tive uma experiência muito intensa quando soube que a Nathalia estava grávida. Meu sonho naquele momento era ser pai. Meu irmão do meio tinha acabado de ter o primeiro filho, e todos estávamos muito felizes e cheios de expectativas. Quando então recebi a notícia de que também seria pai, foi alegria em dobro. Pensávamos em vários nomes, com quem iria se parecer, como seria o quarto, as roupinhas, e mais uma cachoeira de coisas boas. Eis que fomos fazer o ultrassom, e estávamos bem tensos, mas a médica foi tranquilizando a mim e a Nathalia, e começou a prepará-la; foi deslizando o aparelho sobre a barriga, quando de repente nos olhou, paralisada. Estava com um semblante espantado e ao mesmo tempo feliz. Ficamos nos olhando e perguntando o que ela estava vendo. Perguntei imediatamente: "O que foi, doutora? Está tudo bem com o bebê?". Ela devolveu um sorriso, e disse: "Parabéns, papai, são gêmeos".

Minha intimidade com Deus foi concretizada depois de muitos anos. Antes eu frequentava algumas igrejas para assistir a casamentos, batizados e outras raras ocasiões. Era um católico afastado, sempre acreditei que Deus existia, mas a ligação com Ele era um tanto distante.

Então tudo começou com uma grande provação na minha vida, a primeira de tantas de que Ele me livrou. Tive que ser provado na dor, e infelizmente precisei viver algo muito difícil para poder começar a construir essa intimidade. Quando descobrimos que eram gêmeos, não víamos a hora de saber o sexo, e, para nossa surpresa, era um casal. Fizemos todos os acompanhamentos e o pré-natal conforme as orientações dos médicos, preparamos a casa, compramos de tudo um pouco, afinal, papais de primeira viagem sempre dão aquela exagerada normal. Contudo, o que não esperávamos é que eles nascessem prematuros de sete meses e tivessem que ficar na UTI neonatal. Após o parto, meus filhos ficaram trinta dias internados, e esses dias foram bem difíceis, pois podíamos vê-los apenas uma hora por dia, que era o que os médicos permitiam. Eles precisavam de alguns cuidados, e eu, durante trinta dias, me ajoelhei e orei pela vida deles. O Salmo 91 me sustentou durante todos esses dias, em especial o versículo 2, no qual está escrito:

> "Direi do Senhor: Ele é meu Deus, o meu refúgio, a minha fortaleza, e nele confiarei..."

Eu repetia a todo momento com o coração cheio de fé. O Salmo 23, no 1º versículo, diz: "O Senhor é meu pastor, nada me faltará". E o Salmo 121 fala: "Levarei os meus olhos para os montes, de onde vem a minha salvação". Todos eles contribuíram para que eu pudesse estar abastecido de Deus e acreditar verdadeiramente que aquele pesadelo estava prestes a terminar.

Dizem que, quando o homem se torna pai, a vida dá um giro de 360 graus. No meu caso, posso dizer que, a partir do momento em que vi meus filhos pela primeira vez, meu coração parou. Senti algo que nunca poderei descrever. Como eles ainda não estavam totalmente prontos para ir para casa, devido a alguns cuidados necessários, voltamos sem eles, e foi bem doloroso para nós, pois não imaginávamos que aquilo poderia acontecer.

A minha filha Rafaella nasceu com 1,5 kg e se desenvolvia bem, seu organismo correspondia melhor e mais rápido, mas os médicos entenderam que, para o bem dos dois, era melhor ela ficar no hospital com o irmão. Meu filho Lucca nasceu com 1,3 kg, não teve a mesma evolução e, para nosso desespero, seguiu na UTI após contrair uma grave infecção que colocou a sua vida em risco. Cada hora que se passava era aterrorizante, com o medo que sentíamos de perder nosso filho. Então, desesperado, corri até o médico e perguntei a ele quais eram as possibilidades de recuperação, pois eu faria o possível e o impossível para salvá-lo.

"Marcelo, é difícil dizer se vai funcionar, pois ainda está em fase de testes, mas há uma medicação que foi desenvolvida para casos semelhantes ao que seu filho está apresentando. O único problema é que ela não está disponível aqui no Brasil." Essa frase chegou aos meus ouvidos como a salvação, pois, onde quer que houvesse esse medicamento no mundo, eu iria atrás para encontrar e salvar a vida dele.

Foi uma corrida contra o tempo, pois tínhamos poucos dias para trazer aquela medicação. Graças a Deus encontramos um laboratório e importamos o medicamento às pressas. Agora, o que eu não imaginava era que, ao chegar ao hospital, eu receberia uma das melhores notícias da minha vida, vinda do médico: "Marcelo, pode agradecer a esse Deus para o qual você tanto ora, porque o Lucca está fora de perigo, e não será mais necessário tomar a medicação. Os novos exames de sangue apontam que ele está completamente curado".

Pouco depois, graças a Deus, levamos os bebês para o quarto, e, adivinhem só, fui o primeiro a dar banho neles. Que emoção, que alegria tê-los ali nas minhas mãos, poder ter essa experiência de sentir o calor humano e a troca de olhares entre nós. Não sei descrever tal significado, apenas sentia uma gratidão enorme. Levamos as crianças para casa e deixamos a medicação no hospital. Passados três meses, o Dr. Jorge, médico que acompanhara meu filho, me ligou dizendo que havia uma criança com o mesmo problema que o Lucca tivera e perguntou: "Marcelo, estamos com uma criança em estado grave, bem parecido com o que o Lucca teve, e estou ligando para pedir sua autorização para usar o medicamento". Imediatamente eu disse a ele: "Claro, doutor, podem usar". Ele, então, aliviado, me agradeceu. Uma semana se passou, e o Dr. Jorge fez contato me dizendo que tudo tinha dado certo, que a criança correspondera muito bem à medicação e que eu tinha salvado a vida dela. Mas eu disse que quem a tinha salvado era Deus, eu era apenas um instrumento.

Costumo dizer que só você pode mudar a sua história. Deus nos deixou o livre-arbítrio para que pudéssemos ter discernimento das coisas, mas nunca exigiu que fosse obrigatório ter um relacionamento com Ele. Feliz de quem O procura pelo amor, pois pela dor é muito triste. O Marcelo que está escrevendo este livro não é mais o mesmo que estava no leito de uma UTI com os filhos cheios de aparelhos, e menos ainda o que quase perdeu a vida naquele acidente automobilístico.

Depois de passar por tudo que tenho contado aqui, queria ainda entender por que Deus havia me deixado vivo. Não conseguia enxergar qual era o meu propósito, o que eu deveria fazer com a minha vida, que havia sido milagrosamente poupada e transformada por completo. Como disse anteriormente, todos os médicos aos quais eu havia recorrido me falaram que era para eu estar morto ou vegetando em uma cama de hospital. E foi a partir desse choque, com a minha nova realidade, que entendi que meu real propósito era apenas um: ser de alguma forma instrumento de superação na vida das pessoas.

> "Mudei muito o meu jeito de pensar. Hoje entendo que renasci naquele 6 de março de 2009 para ser um homem melhor, levar o meu testemunho para as pessoas, com o intuito de tentar ajudá-las de alguma forma."

## Sou um testemunho vivo

A primeira vez que testemunhei minha história foi após receber um convite do pastor André Valadão. Temos um amigo em comum, que me convidou para almoçar com eles em uma oportunidade em que estava em Belo Horizonte. Ele havia ficado impressionado com o que contei, e o fato de Deus ter me livrado da morte naquele acidente o tinha deixado extremamente emocionado. Quando eles estavam me deixando no hotel, André me disse: "Marcelo, Deus toca no meu coração que você precisa dar esse testemunho hoje no culto". Eu fiquei sem reação, pois nunca tinha falado para tantas pessoas minha história, e entrei no quarto e fiquei refletindo sobre aquele convite. Tomei um banho e me deitei na cama pensando o que Deus queria de mim, mas não tinha muito tempo para preparar nada. Logo eles chegaram e fomos para a igreja. Quando cheguei à igreja, senti uma força vinda do alto; as pessoas louvavam com muita intensidade ao som daquele Ministério de Música, e parecia que tudo estremecia, tão forte era o clamor daqueles fiéis. André tomou a frente e começou com a pregação para aquelas quatro mil pessoas que ali se encontravam. Depois de mais ou menos uma hora, fui chamado para ir ao púlpito a fim de contar minha história àquela imensidão de pessoas (confesso que senti um friozinho na barriga). "Marcelo, conta a sua história para nós, não tenha medo. Qualquer coisa, estou bem aqui ao lado", ele me disse enquanto entregava o microfone. Eu não havia preparado nenhum tipo de apresentação, nada mesmo, só estava com algumas fotos do acidente. Naquele momento, apenas abri o coração, e as palavras começaram a sair sem o menor esforço. Cerca de uma hora depois, finalizei o meu testemunho, e o pastor Valadão veio até mim dizendo: "Marcelo, as pessoas estão em estado de transe, você conseguiu mostrar para elas que não existe obstáculo algum quando a mão de Deus está ali, e que nada pode nos abalar, porque o amor d'Ele nos sustenta". Eu disse para ele que aquela experiência também havia sido muito intensa para mim; o fato de ver a igreja lotada, com aquelas pessoas orando e louvando com aquele Ministério de Música incrível, me fez sentir o céu aqui na Terra. Prova de que a energia naquele lugar era muito forte era que a todo momento eu sentia o coração queimando e o corpo arrepiado.

Desse dia em diante, soube exatamente o que deveria fazer pelo resto da minha vida. Tive um verdadeiro encontro com o meu propósito, e hoje acredito que todos nós viemos a este mundo para cumprir um. Todo mundo tem um porquê. Assim como todo mundo tem obstáculos na vida, e precisa encarar muitas atribulações, também estamos aqui para cumprir algo. Como já contei aqui, muitas vezes, durante todos esses anos perseguindo a minha cura completa, tinha progressos, e então de repente algo no percurso acontecia e eu regredia. Nem sei quantas vezes isso aconteceu, já perdi as contas.

Viver superando desafios que parecem intransponíveis é como se estivéssemos no deserto, avistando um oásis, e, quando parece que estamos nos aproximando desse oásis, ele vai ficando mais longe. Esse é um ponto em comum que acontece com muitas pessoas que enfrentam problemas, pois, à medida que eles vão aumentando ou se acumulando, a sensação de que o oásis está se distanciando é cada vez maior. É assim que elas passam a desistir ao se depararem com um novo problema. Mas o que essas pessoas não enxergam ainda é que, quanto mais quente, mais árdua a travessia desse deserto, maior é o oásis que elas encontrarão, pois o seu resultado será muito melhor depois de todo o esforço empregado para atingir determinado objetivo. Creio que o nosso milagre está muito mais perto do que podemos enxergar, e precisamos estar bem atentos para não o deixar escapar.

Concluo então dizendo que, para sermos felizes, precisamos deixar de ser vítimas dos problemas e nos tornar autores da nossa própria história. Atravessar desertos fora de si, mas ser capaz de encontrar um oásis no recôndito da alma. Agradecer sempre a Deus a cada manhã pelo milagre da vida.

> "Estou fazendo a travessia do meu deserto há catorze anos, e tenho plena certeza de que meu oásis está próximo. Eu vou chegar nele."

## Kairós

**Eu sou um milagre**
*Carlos Alberto Moyses*

*Nunca houve noite que pudesse impedir*
*O nascer do sol e a esperança*
*E não há problema que possa impedir*
*As mãos de Jesus pra me ajudar*
*[...]*
*Haverá um milagre dentro de mim*
*Vem descendo o rio pra me dar a vida*
*Este rio que emana lá da cruz*
*Do lado de Jesus*
*[...]*
*Aquilo que parecia impossível*
*Aquilo que parecia não ter saída*
*Aquilo que parecia ser minha morte*
*Mas Jesus mudou minha sorte*
*Sou um milagre e estou aqui*
*[...]*

*Usa-me, sou o Teu milagre*
*Usa-me, eu quero Te servir*
*Usa-me, sou a Tua imagem*
*Usa-me, ó filho de Davi*

Quando ouvi essa música pela primeira vez, senti como se ela tivesse sido escrita para mim. Passar por grandes sofrimentos me fez enxergar que a minha vida estava seguindo por um caminho no qual ela nunca seria completa se não houvesse a presença de Deus.

*"Essa luta eu não aguento"* era um pensamento que muitas vezes passava pela minha cabeça. Até que, à medida que fui despertando para a fé e ampliando a minha conexão com Deus, descobri que eu não estava sozinho e que todas as coisas, na realidade, não acontecem no nosso tempo, mas sim no tempo Dele, chamado *kairós*. Hoje sei que era para eu estar naquele carro, sei que as coisas não aconteceram em vão. Deus me tirou de tudo que trazia sofrimento no momento em que era preciso, Ele fez com que cada vitória fosse algo muito especial, e aprendi e venho aprendendo cada dia mais. Sei que ainda há sonhos que Ele vem trabalhando em meu favor, e que o tempo Dele é perfeito.

Quando descobrimos que Deus está à frente de todos os problemas, passamos a entender que vivemos de milagres. Preste atenção na sua história. Provavelmente você já deve ter passado por situações que pareciam não ter solução, mas então o inesperado aconteceu em sua vida, o tirou da dificuldade que você enfrentava. Pode ter certeza de que esse inesperado foi um milagre.

Quando somos movidos pela fé e continuamos crendo mesmo nos momentos mais difíceis, não há fardo algum que seja impossível de carregar, pois já não caminhamos mais sozinhos. Na realidade, somos carregados. Esse é o extraordinário agir sobrenatural de Deus, que nos leva em Seus braços quando O deixamos entrar em nossas vidas.

Ele acolhe indistintamente todos aqueles que estão cansados, com dor, quebrados. Quando tive meu mundo destruído por aquele acidente, a força que tive para reconstruí-lo veio implacável quando enfim acessei a morada de Deus em mim. Eu me encontrei nesse momento, e desde então converso com Ele de coração mais aberto, pois absolutamente nada é impossível para Deus. Você ainda está de pé. Essa é a prova de que as circunstâncias não conseguiram parar os planos de Deus na sua vida!

A minha caminhada ao lado Dele foi ficando cada vez mais forte, e sabe por quê? Porque aquela expressão popular que diz "Deus sabe de todas as coisas" é absolutamente verdadeira. Ela é tão real que sempre recebemos aquilo de que precisamos quando passamos a caminhar nesta Terra com fé. Exemplo disso aconteceu desde a minha primeira oração no leito do hospital com meus filhos, seguida do meu próprio deserto, que foi aquele acidente, e das situações que ocorreram em decorrência dele. Quantos dias e noites suplicando para Deus o seu cuidado e proteção! Mas, quando conheci a Josi, ela não só veio para me apoiar em tudo, mas também foi uma das maiores incentivadoras de meu relacionamento com Deus. Juntos nós oramos, vamos aos cultos, estudamos a Palavra. Para mim, não há outra explicação que não o fato de ela ter sido um presente de Deus. E assim tem sido nos últimos anos mais recentes da minha vida, que me mostram constantemente que Deus me trouxe de volta para fazer algo bom aqui na Terra.

Quando você se sente ameaçado por um problema muito grande, que o faz crer que a sua vida chegou ao limite, a ponto de fazê-lo querer desistir – afinal, você faz de tudo, se esforça, mas não vê resultados e nada parece estar a seu favor –, parece não haver mais sentido em prosseguir. Contudo, é nesse exato momento que Deus está criando um propósito muito grande para você, por isso, não adianta desistir; se assim você fizer, nunca verá as bênçãos que pode alcançar.

Essa é a resposta de por que muitas vezes passamos pelo deserto. Tudo, absolutamente tudo, tem uma hora e um momento exatos. Em Eclesiastes 3:1 nos é revelado um versículo muito sábio que diz assim:

> "Tudo tem o seu tempo determinado, e há tempo para todo o propósito debaixo do céu."

No meu caso, por exemplo, todas as vezes em que estou evoluindo e fico bem, logo aparece alguma dificuldade para que eu possa passar por ela. Tive vários momentos em que parecia que Deus não estava olhando por mim; cheguei a acreditar que Ele não queria que eu evoluísse. Mas o fato é que, quanto mais testados somos, maior será a nossa recompensa.

O Salmo 30:5 diz que o choro pode durar uma noite, mas a alegria vem pela manhã. Penso que a tristeza é um sentimento muito forte que nos indica que algo não vai bem no nosso interior e que devemos buscar uma maneira de nos reerguer. Mas, ao mesmo tempo, é um sentimento muito importante, pois nos ensina valores que devemos saber interpretar. Eu poderia trazer outros tantos versículos que relatam sofrimento, deserto, angústia ou dor – inclusive o próprio Jesus, filho de Deus, teve que passar por várias tribulações, e mesmo assim se fez confiante nos planos que Deus tinha para Ele.

"Eu precisei ver meu mundo destruído para saber que sou capaz de reconstruí-lo muito mais forte."
··················································

# VI

# VI
# VIAGENS – LEMBRANÇAS DE NOSSA JORNADA NA TERRA

Meus pais sempre nos aguçaram a desbravar o mundo desde muito cedo, pelas oportunidades de descobrir o novo. As viagens que fazíamos ainda crianças eram cheias de aventuras e muito conhecimento, pois, na maioria delas, meu pai aproveitava para ver o que tal cidade e as inúmeras rodovias poderiam nos trazer como modelo para podermos acrescentar nos negócios. Ele fazia questão de aproveitar o lazer, mas o que sempre nos deixava alucinados eram as empresas que visitávamos (tivemos o privilégio de visitar muitas das melhores indústrias no segmento de implementos rodoviários no mundo). Meu pai já pensava em como determinado processo e tecnologia poderiam ser empregados no nosso ramo. A visão dele sempre foi além da normalidade; ele adorava observar os produtos (carretas e carrocerias) por todos os ângulos, chegava a deitar embaixo deles para ver a funcionalidade e as demais variações entre uma e outra. Seu anseio sempre foi oferecer o melhor para o cliente. Tanto nos ensinou e nos ensina que eu e meus irmãos fomos nos apaixonando pelo assunto a ponto de se tornar algo cotidiano nos papos de almoço aos domingos.

Todos os anos temos o hábito de passar as férias de verão em família. É minha ocasião favorita, pois estamos todos juntos, catorze pessoas ao todo.

Já fomos para algumas praias no Brasil e viajamos para outros lugares, mas Orlando é o nosso destino preferido. Não sei descrever o quão mágico é aquele lugar, cada vez que viajamos para lá é um cenário novo. Costumamos ficar mais ou menos quinze dias, e aproveitamos para passar o Réveillon. Alugamos uma casa e nos organizamos com a rotina, meio que incorporamos uma família americana. Meus pais amam ir ao supermercado – e não são poucas vezes, afinal catorze pessoas reunidas comem bastante (risos). Aproveitamos para curtir a casa e compartilhar boas histórias, apreciando um bom churrasco feito pelos meus irmãos, conversando bastante e dando boas risadas. Fazemos um cronograma da nossa "excursão", pois todos os dias temos um destino certo. Eu topo de tudo, sou o primeiro a acordar e a ficar pronto, não me canso um minuto sequer, e assim aproveitamos para criar leves e afetuosas lembranças. Afinal, não vivemos só para trabalhar, não é mesmo?

Minha mãe conta que, logo após o acidente, voltamos à Disney e eu andei com todos da família nos mais diversos brinquedos, até nos mais perigosos. Ela me disse que ficou muito admirada e um pouco preocupada, mas sabia o quão valioso era para mim vivenciar aquele momento, pois de certa forma era mais um dos meus limites que eu estava vencendo. Mas, ainda assim, ela sentiu que eu estava exagerando um pouco, então me disse: "Chega, Marcelo! Você não tem limites!". E terminou dizendo: "Tudo bem, você é assim, sempre teve essa vitalidade, mas tudo o que aconteceu intensificou ainda mais a sua maneira de viver. Pra frente sempre, meu filho!".

Família reunida em frente à Tree of Life (Árvore da Vida), no Disney Animal Kingdom, em janeiro de 2023.

## Visita à China

A China sempre foi um país bastante inovador e cheio de possibilidades. Os dados apontam que as relações entre o Brasil e a China vêm crescendo de forma bem significativa nos últimos anos, e temos uma história de vinte anos de parceria forte com aquele continente: importamos equipamentos, peças e matéria-prima de última geração e de alta tecnologia para beneficiar e aprimorar nosso processo produtivo. Se fizermos uma retrospectiva de tudo que aprendemos em relação a esse vínculo que já se perpetua há duas décadas, posso dizer que foi e é uma das mais intensas experiências que vivemos até aqui.

Assim que voltei à minha rotina, após o acidente, eu, meu irmão (Rodrigo) e meus pais fomos à China em busca de novos fornecedores. É sempre muito satisfatório fazer essas viagens, pois aprendemos muito. O conhecimento nos traz novos ares. O chinês tem toda uma cultura e costumes bem peculiares, é um povo acelerado e carrega um sotaque bastante agitado – tanto que o inglês deles é bem diferente daquele com o qual tentávamos nos comunicar. Achávamos que éramos bem "apressados", mas nada se compara a eles. Temos a sorte de ter um escritório em Hong Kong e uma pessoa, chinesa, que trabalha e que mora lá. É a Doris, e ela tem um inglês bem semelhante ao que pronunciamos; sendo assim, quando estamos por lá, ela sempre nos acompanha, o que torna tudo mais fácil.

Aproveitávamos os fins de semana para fazer turismo. Fomos até o Exército de terracota, que são oitocentas estátuas de soldados e generais de barro que foram criadas para proteger o governante chinês em sua vida após a morte. Que monumento, que história! A Cidade Proibida, onde fica o palácio do museu em Pequim, também carrega uma beleza sem igual. Nesse momento realizei um dos meus mais íntimos sonhos, que era visitar a Muralha da China. Aquela obra que atravessa montanhas e rios continua sendo uma das grandes maravilhas do mundo. Foi um ato de muita superação subir aqueles degraus enormes, mas, com força e muito otimismo, conquistei mais essa vitória. Em Pequim, o Palácio Imperial das dinastias Ming e Qing e outras inúmeras exibições nos abasteceram de uma cultura com muitos significados, mas o que eu não imaginaria sob hipótese alguma era ser abordado no lobby do hotel por um senhor americano que, ao ver minha condição física, me fez inúmeras perguntas sobre o que havia acontecido comigo e o que tinha me levado a ficar com aquela dificuldade motora. Ele disparou a falar sobre um possível tratamento com células-tronco, e que ele teria condições de me ajudar. Como já estávamos para ir embora, peguei seu contato e combinamos de nos falar nos dias seguintes.

# VII

# VII
## CÉLULAS-TRONCO

> "Não desista. O caminho é árduo,
> mas a colheita é certa."

Em 2013, fui em busca de um novo tratamento, algo até então pouco divulgado no Brasil. As células-tronco estavam no auge de todos os sites e revistas daquela época, e a viagem feita à China me fez pesquisar ainda mais sobre o assunto, depois de ter feito contato com o médico que me abordou no hotel. Muito se falava nos resultados promissores da regeneração celular: diziam que ela era capaz de promover algo muito positivo em deficiências em geral. Eu nunca desisti de alcançar o meu sonho de voltar a andar, então corria atrás de toda chance que aparecia.

Aquele médico despertou em mim mais uma esperança de alcançar o desejo de retomar meu caminhar sem nenhum apoio ou ajuda. Ainda naquela conversa que tivemos no hall do hotel, ele me apresentou o portfólio da sua clínica, localizada em San Diego, e me mandou um livro que falava sobre regeneração celular. De volta ao Brasil, passei os três meses seguintes em contato com o então médico responsável pela clínica. Mas, naquele momento, tivemos a informação de que esse tratamento não estava sendo realizado nos EUA; então seguimos para Moscou. Levei comigo minha mãe e meu irmão nessa nova missão, que até então eu achava que seria a salvação de tudo. Foi uma loucura. Fui acreditando que seria um milagre, mas tudo não passou de falsa ilusão.

Confesso que, quando cheguei a Moscou, me assustei um pouco. Ainda no caminho que percorremos de táxi, parecia uma cidade bem fria em todos os sentidos: não tinha calor humano, e havia vários soldados armados espalhados por toda a cidade, que parecia estar em guerra; até para entrar no hotel éramos revistados.

A clínica na qual era feito o procedimento era um tanto diferente das que normalmente eu frequentava: não parecia muito "profissional", o lugar era distante, não tinha outros pacientes, nem recepcionista. Tudo muito informal, o que logo de cara me fez sentir certa insegurança. O procedimento das células-tronco é realizado por meio de uma coleta de sangue, que é retirado da veia e passa por uma máquina com o objetivo de ser centrifugado. Após esse procedimento, é injetado diretamente na medula óssea, para começar a produzir células sanguíneas e renovar o sistema imunológico. Depois fui descobrir que de fato não era um procedimento tão seguro, uma vez que tudo aquilo ainda estava em fase de pesquisa.

Fui colocado de lado na maca, de costas para o médico, que enfiou uma agulha enorme na região da medula; em seguida senti uma dor aguda, que se alastrava pelo meu corpo. E o que se seguiu dali em diante foi a minha incerteza em relação àquela tentativa de ser curado. Eu achava que estava indo por água abaixo, e tive a certeza de que não deveria ter me arriscado: não demorou muito até que começasse a sentir um mal-estar generalizado. Foi então que comecei a ter náuseas, e vários episódios de vômitos seguidos. Não conseguia nem mesmo ficar de pé, que logo vomitava. Ficar deitado era a melhor opção.

Vendo que não haveria muito mais a ser feito naquela clínica, quis ir imediatamente para o hotel. Me senti frustrado, enganado e desesperançoso, pois aquelas promessas de regeneração milagrosa dos meus danos neurológicos caíram por terra quando meu corpo começou a expulsar aquela aplicação que, segundo o doutor, era de células-tronco. Foram enviados alguns médicos para que pudessem tentar sanar a situação, mas nada que fizeram adiantou.

Decidi voltar para o Brasil, pois a situação estava me deixando assustado. Recordo-me de que estava no banco da frente do táxi, a caminho do aeroporto, e ainda com todos aqueles sintomas horríveis – que só de lembrar chego a ficar arrepiado. Veio então um vômito inesperado, que sujou todo o carro e a mim mesmo, deixando minha roupa sem condições de seguir caminho. Precisamos, dessa forma, parar em um hotel para que eu pudesse tomar banho e me trocar.

Mesmo no voo de volta, ainda passava muito mal. Os funcionários da companhia aérea buscavam me dar total suporte, preparando uma acomodação melhor na aeronave até São Paulo. Parece engraçado, mas, quando levantamos voo, todos os sintomas sumiram, como num passe de mágica. Parecia que Moscou não tinha feito muito bem para mim (risos). Apesar das circunstâncias de uma experiência desconfortável em relação ao meu sonho, não posso deixar de dizer o quanto aquela viagem proporcionou ensinamentos, e o quão bela é a capital russa, uma cidade que abriga várias construções que são patrimônios mundiais e é carregada de uma arquitetura esplêndida. Foi uma experiência e tanto.

Muitas vezes, quando estamos desesperados por uma solução para o nosso problema, queremos nos agarrar a qualquer alternativa que aparece no caminho, mas é preciso agir com cautela para evitar uma exposição perigosa que traga riscos. Ao passar por essa tentativa desesperada de cura, entendi que precisava continuar perseverando na minha recuperação, mas agora com a consciência de que deveria redobrar o cuidado com a minha integridade física e emocional.

> "Você está esperando seu milagre chegar, ou vai sair e descobrir onde ele se esconde?"

✢

Não aceito me ver em uma cama, em posição de zona de conforto. Então preciso me movimentar e sentir que estou sendo útil. E uma forma de viver sob essa perspectiva foi por meio do meu trabalho na Facchini e das palestras para as quais sou convidado. Sinto que posso, de alguma forma, tocar vidas com a minha história e os exemplos de mentalidade e atitude que tenho compartilhado, sabendo que, se ao menos uma pessoa for atingida, terei então cumprido os propósitos de Deus.

Mesmo com todas as dificuldades, não vou parar. Não vou desistir nunca, e sempre digo que ninguém pode ficar satisfeito na situação atual em que está, pois, do contrário, perde a chance de evoluir. Acaba em um círculo vicioso de reclamar, reclamar e reclamar. Não podemos deixar que esse conceito nos engula e que nos tornemos pessoas pessimistas. Se existe alguma coisa a ser trabalhada, que possamos buscar ajuda para superar tudo aquilo que de alguma forma não sentimos que foi superado.

Tudo o que quero é alcançar meus sonhos e objetivos, ver meus filhos felizes e realizados, ter meus pais e meus irmãos com saúde e o meu relacionamento em paz. Eu realmente queria muito – assim como quero até hoje – me curar da limitação física. Contudo, tinha dúvidas sobre a minha recuperação. Não acreditava de verdade. Sempre gostei muito de me desafiar, tento fazer além do esperado, mas sei que às vezes isso não é saudável, e acabo me prejudicando, acabo extrapolando os limites – e isso me expõe a perigos que acarretam coisas indesejáveis. Por isso, tenho sempre buscado dar um passo para trás, pois, quando percebo que estou entrando em um *overtraining* (ponto que excede a capacidade do corpo de se recuperar), coloco o pé no freio e me estabilizo. Em tudo que faço eu me doo por inteiro, com muito amor e dedicação.

## Persiga os seus sonhos

Imagine que um anjo apareça em seus sonhos esta noite e o faça refletir sobre o seguinte pensamento:

*"Daqui a um ano algo vai acontecer na sua vida que vai mudar tudo, algo muito difícil e doloroso...*
*O que você faria diferente?*
*Você iria atrás dos seus sonhos?*

*Daria mais amor a sua família?*
*Mais atenção aos seus filhos?*
*Deixaria de fazer algo que sente que não faz bem?"*

Se lhe perguntassem agora "qual é o seu sonho?", o que você responderia? A minha resposta, sem dúvida, seria: voltar a andar sozinho.

Como já contei aqui, houve um tempo na minha caminhada desde o acidente em que eu não conseguia superar o trauma de ter praticamente morrido e, ao acordar, ver que a minha vida havia mudado completamente. Vivi o pesadelo de achar que não voltaria mais a andar se não fosse em uma cadeira de rodas, senti o pavor de acreditar que uma convulsão mais forte me apagaria para sempre. Cada fase de dor que enfrentei ao longo desses últimos catorze anos testou os meus limites físicos, mentais e emocionais em uma escala que mal consigo mensurar. Mas, quando me dou conta de que, se não fosse Deus, eu não estaria aqui, pois Ele está preparando algo muito especial para mim, entendo por que nunca parei de sonhar.

Você não pode parar de sonhar, e tem que sonhar grande, porque, como sabemos, sonhar pequeno ou sonhar grande dá o mesmo trabalho. Então sonhe que você pode resolver os seus problemas, sejam eles quais forem, sonhe que você vai sair da depressão, sonhe que vai prosperar na vida. É isso que irá motivá-lo a seguir com seus planos, mesmo que eles pareçam impossíveis ou que alguém lhe diga que não serão realizados.

Na minha história, não faltou quem desacreditasse que eu conseguiria chegar aonde cheguei. Desde os próprios médicos, que falavam que eu não tinha chances na época do meu acidente, até colegas e pessoas que conheciam minha vida pelos jornais. Mas a cura vem de um campo muito maior e que está além das pessoas, e isso é o que me faz ficar obstinado pela minha recuperação completa para que eu volte a andar. Nunca parei com a fisioterapia e os exercícios físicos. Hoje em dia, tenho a minha vida totalmente independente: trabalho, ando de carro, viajo, tenho vida social. Faço de tudo, mas o único contraponto é que faço de tudo num tempo diferente do da maioria das pessoas.

## Cuide da sua mente

Se você anda com dificuldades de sonhar e principalmente de perseguir seus sonhos, é sinal de que mudanças são necessárias em sua vida, independente de quais sejam. Há um termo na área de desenvolvimento pessoal chamado *mindset*, que, traduzindo em termos simples, significa "mentalidade", ou "modo de pensar". Quando passamos a prestar atenção à forma como pensamos, ao que cultivamos como pensamentos, se são bons, produtivos e prósperos, ou se estão carregados de negatividade, começamos a enxergar o que é preciso mudar para que não fiquemos paralisados.

Toda e qualquer modificação no seu *mindset* pode fazer diferença na sua vida. Para as pessoas, por exemplo, que vivem postergando e adiando decisões, deixando para amanhã o que pode ser feito hoje, ou para aquelas que acham que não têm condições de progredir, pois a luta parece tão grande que a sensação é de que não terão forças para reagir, o cuidado com a mente deve ser ainda maior. Trata-se de um exercício diário.

Minha intenção com este livro é despertar forças necessárias para enfrentar decisões gigantes, e ajudar todas as pessoas que sentem que a vida se tornou um deserto sem oásis. Existe o caminho de volta desse deserto, e o primeiro passo nessa direção é pensar qual foi a última mudança que você fez na sua vida. Se ainda não a realizou, quando e como pretende fazê-la? Não desista.

> "Só você pode mudar a sua vida, pois você é a caneta que escreve a sua história."

## O maior adversário

"Não sabendo que era impossível, foi lá e fez." Ouvi essa frase pela primeira vez do meu amigo Steven Dubner, sócio-fundador da ADD. Ele involuntariamente a verbalizou, e não pude deixar que ela entrasse apenas nos meus ouvidos, então a fixei nas minhas verdades e nos meus valores. Steven é uma pessoa com potencial incrível, palestra para o mundo levando seu lema de vivência com atletas com deficiência, lidando diretamente com superação e limites. Ele usa o exemplo de seus atletas para mostrar que a determinação e o empenho podem levar todos a superar os próprios limites. Steven e Eliane Miada não mediram esforços para ver tudo isso se concretizar.

E você, tem deixado seus medos e anseios o paralisarem diante dos desafios diários? Acredito que não seja tão fácil reconhecer esses anseios, não é mesmo? É natural que tenhamos pensamentos negativos e positivos ao mesmo tempo, afinal, somos seres em constante evolução. Contudo, é importante ressaltar que seu grande adversário sempre será você mesmo. Sabe por quê? Porque em grande parte das vezes somos muito incrédulos. Nossos pensamentos têm condicionamento para aquilo que é ruim, e, se não formos fortes o suficiente para não acreditar no que é negativo, fazemos disso uma verdade. Precisamos então cultivar a esperança de dias melhores, usando a razão e tentando enxergar o que podemos aprender com tudo que acontece.

> "A nossa luta diária é com a gente mesmo."

Quando vejo meu próprio exemplo, sei o quanto já briguei comigo mesmo para melhorar minhas atitudes e, assim, alcançar meu objetivo de voltar a andar. Como cheguei em alguns momentos a ter um *overtraining*, fiz um acordo comigo mesmo de desacelerar. Antigamente, o meu trabalho vinha em primeiro lugar, e isso me fazia burlar a fisioterapia e os demais cuidados com a saúde. Então repensei e consegui reestruturar o trabalho de modo que nem tudo dependesse mais de mim. Adaptei meu escritório para fazer fisioterapia na fábrica mesmo, e reservo de uma a duas horas por dia para esses momentos. Faço acompanhamento a cada seis meses com meus médicos, realizo todos os exames possíveis, concilio minha agenda pessoal com a profissional, para cada vez mais não deixar que o foco mude.

Pensando no que falamos até aqui, qual foi a última mudança que você fez na vida? Caso ainda não a tenha realizado, quando e como pretende fazer? Para que haja transformações na sua vida, não existe outra maneira que não seja fazer hoje mesmo, algo novo e diferente, que você ainda não fez. Apenas comece e você já irá perceber que a luta será capaz de ser vencida, porque, ao encarar o que tiver de fazer, conhecerá a sua verdadeira força.

Eu me considero mais forte do que meus problemas, as pessoas que estão no meu dia a dia ficam boquiabertas pelo fato de nunca me verem reclamar, nem de dor ou qualquer outra circunstância. Porque tiro o foco daquilo que me faz sentir mal e me concentro naquilo que vai me trazer satisfação e alegria. Reconheço que sou ansioso, mas não adianta querermos resolver nossos problemas em um único dia. Então tento fazer o melhor que posso, e sempre me coloco à disposição para isso, tanto que sempre digo: "Eu posso, eu quero e eu consigo". Repito isso inúmeras vezes. A palavra "nunca" não pertence ao meu vocabulário. Sou uma pessoa destemida e adoro me surpreender. Além disso, se tem uma coisa que não consigo fazer é ficar sentado esperando as coisas acontecerem; eu vou lá e faço, me desafio, isso me faz vivo.

Muitas vezes, um dos nossos maiores problemas é o medo, mas temos que agir mesmo com a presença dele. Todos temos medo de algo, mas isso não pode nos travar, nos paralisar diante da vida. Para combater esse medo, o primeiro passo é acreditar em você, e logo você verá que todos à sua volta também começarão a acreditar.

# EPÍLOGO

# EPÍLOGO

A nossa vida pode estar boa, às vezes pode até acontecer uma complicação ou outra, e alguns momentos difíceis. Mas nada se compara a ter um problema muito sério na vida, seja de saúde, seja na família, o qual pode acontecer sem nem ao menos esperarmos, surpreendendo qualquer um de nós. Foi isso que aconteceu comigo.

O ano de 2009 foi cheio de emoções e carregado de um turbilhão de medos e incertezas. Em janeiro, o nascimento dos meus filhos e a esperança da volta deles para casa era um anseio enorme. Porém, somado ao problema que o Lucca teve, foi minha primeira experiência de contato sobrenatural com Deus. Então, um mês depois do milagre da recuperação do meu filho aconteceu o acidente que quase me tirou a vida. Tive que lutar para viver, tive que descobrir habilidades que jamais pensei que existissem; minha família foi meu alicerce, minha base, minha mãe foi meu sustento de força e fé.

Achei que era forte até passar por aquele ano, mas pude mensurar toda a minha força e resiliência depois de tudo que vivi. Carrego em mim uma fé que me faz acreditar em propósitos, em um Deus que é misericordioso e perfeito em tudo que faz. Quero chegar ao meu objetivo final, que é voltar a andar sem apoios, como sempre fiz, e minha batalha para alcançar o meu tão almejado sonho não está longe, eu creio.

Quando temos fé, família e uma missão de vida para nos amparar, a travessia do deserto fica mais suportável, e afirmo isso por experiência própria, pois é exatamente esse tripé que me impulsiona a seguir na minha reabilitação diária.

Acredito que passei por tudo isso para testemunhar os feitos realizados por Deus na minha vida, sendo um instrumento para o outro, a fim de mostrar ao perdido que existe, sim, um melhor caminho; para o cansado, que há um Deus que nos ampara. Porém, foram longos anos de uma experiência vivida na dor para que eu pudesse de fato compreender quão grande é o nosso Deus. A minha família, que já era fundamental para mim, se tornou inestimável, e sem ela eu jamais teria chegado tão longe; por isso, acredite, somos muito mais fortes quando estamos unidos verdadeiramente a quem amamos, para o que der e vier. E, quanto à missão de vida, que no meu caso é realizada por meio da Facchini, é o que nos conecta e dá sentido ao que fazemos no mundo. Você ter um motivo para levantar todos os dias e encarar o que precisa ser feito é o que permite sentir e compreender que tudo vale a pena no final da jornada.

Depois de tudo que passei, dos momentos que tive, complicados e tristes, desenvolvi a certeza de que venci e vou continuar vencendo cada dia mais.

Nunca estamos prontos para as adversidades que a vida nos traz. Infelizmente, ou felizmente, uma hora vai acontecer algo que vai nos roubar a paz, vamos nos deparar com um abismo infinito, mas o que não podemos deixar de acreditar é que o sofrimento nos edifica.

Afinal, não viemos a este mundo apenas para ter somente alegrias e prosperidade. Essas provas podem acontecer com uma perda muito grande, uma doença incurável, uma instabilidade emocional ou qualquer outra situação ou sentimento que venha a nos acontecer. Por isso, grave o que vou lhe falar: tenha perto de você pessoas que vão ajudá-lo, pessoas que o amam de verdade, não apenas por dizer o que você gostaria, mas sim para impulsioná-lo a sair desse "buraco". Creia, você não está sozinho. Procure ajuda profissional caso compreenda que seu caso requer cuidados profissionais, com um trabalho mais específico para sua recuperação física ou emocional.

O fato de relembrar todas essas histórias que acabo de escrever me fez acionar memórias que havia muito tempo eu não acessava. Confesso que meu psicológico ficou um tanto quanto abalado, e minhas emoções vieram à tona. Me peguei chorando várias vezes, mas não por lamentar o que houve comigo, e sim por compreender o quanto Deus cuida de mim, o quanto sou grato por toda a evolução que me permitiu chegar até aqui, e que devo a Ele.

Seja lá o que for que lhe aconteça, lembre-se de nunca aceitar o coitadismo; não favoreça a derrota; assuma um compromisso consigo mesmo de encontrar sua verdadeira capacidade; e não pare de lutar, não desista nunca, pois é lutando pela vida que nos tornamos cada vez mais fortes.

QUANDO VOCÊ TEM UM PROPÓSITO, SACRIFÍCIOS PASSAM A FAZER SENTIDO.

Livros para mudar o mundo. O seu mundo.

Para conhecer os nossos próximos lançamentos
e títulos disponíveis, acesse:

🌐 www.**citadel**.com.br

ⓕ **/citadeleditora**

📷 **@citadeleditora**

🐦 **@citadeleditora**

▶ Citadel – Grupo Editorial

Para mais informações ou dúvidas sobre a obra,
entre em contato conosco por e-mail:

✉ contato@**citadel**.com.br